다독과 논술 준비를 위해 꼭 배워야 할

제일 빠른
속독법

중급 과정

속독 최고의 실용서!

그대로 따라하기

한국두뇌개발교육원·한국기억술연구원 손 동 조 지음
한국 최초 기억법 창시자 손 주 남 감수

■ 도서 A/S 안내

성안당에서 발행하는 모든 도서는 저자와 출판사, 그리고 독자가 함께 만들어 나갑니다.

좋은 책을 펴내기 위해 많은 노력을 기울이고 있습니다. 혹시라도 내용상의 오류나 오탈자 등이 발견되면 "좋은 책은 나라의 보배"로서 우리 모두가 함께 만들어 간다는 마음으로 연락주시기 바랍니다. 수정 보완하여 더 나은 책이 되도록 최선을 다하겠습니다.

성안당은 늘 독자 여러분들의 소중한 의견을 기다리고 있습니다. 좋은 의견을 보내주시는 분께는 성안당 쇼핑몰의 포인트(3,000포인트)를 적립해 드립니다.

잘못 만들어진 책이나 부록 등이 파손된 경우에는 교환해 드립니다.

저자 문의 e-mail : amsre@hanmail.net(한국두뇌개발교육원)
본서 기획자 e-mail : coh@cyber.co.kr(최옥현)
홈페이지 : http://www.cyber.co.kr   전화 : 031) 950-6300

머리말

저자는 2002년 10월에 새롭게 「초스피드 속독법」을 출간하고, 이어 그 다음 단계인 「마인드 속독법」을 출간하였습니다. 그리고 나서, 어린이들을 위한 「주니어 속독법」을 출간하여 어린이들과 학부모님, 선생님의 많은 사랑을 받았습니다. 그 다음에 전문적인 기억술을 위해, 「초스피드 기억법」과 「천 개 공식 연상 기억법」, 「한자 연상 기억법」의 출간으로 속독 기술을 전문분야까지 활용해 보았습니다.

독서의 기술적인 방법을 책으로 낸 이유는, 다양한 분야의 어른들이 우리나라 어린이들을 걱정하는 데에서 시작되었습니다. 주입식 교육에서 해방되어 좀더 자발적이고 창의적인 사고력을 바탕으로 학습에 도움이 되는 방향으로 방법을 연구한 끝에 나온 결정체입니다.

저자의 책은 속독의 이론보다 실제적이고 기술적인 단계로 구성되어 있습니다. 그래서, 많은 분들이 '최고의 속독 실용서' 혹은 '속독 바이블'로 칭찬하였으며, 독자들이 꾸준하게 속독법을 훈련하고 학습에도 활용하여 독서능력의 배 이상의 학습 효과가 있다는 수 많은 감사의 편지를 받았습니다.

그런데, 가장 큰 고민은 초등학생이었습니다. 책을 처음 내놓을 때는 학부모님이 당연히 지도해 주시리라 생각했는데, 직접 지도할 수 있는 경우는 여건상 극히 드문 것을 알게 되었습니다. 그리하여, 교육일선에서 속독법 교육을 하는 선생님, 특기적성 교육을 담당하는 선생님, CA 활동이나 방과 후 활동을 담당하는 선생님 등 여러분의 의견을 받아들여, 학생들을 위한 단계별 교재를 초급, 중급, 고급으로 만들어 다시 독자 여러분과 만나게 되었습니다.

The Super Speed Reading

저자는 요즘 신문이나 방송에서 연일 접하는 서술·논술·구술에 대한 기사를 보면서 학부모님이나 선생님, 학생들이 또 다른 큰 고민에 빠졌다는 것을 알고 매우 안타깝게 생각합니다. 책을 폭넓게 읽고, 사고력이나 창의력으로 자기 생각이나 주장을 제대로 바르게 쓰고, 이야기하여야 될 것인데 그렇지 못한 것을 보게 되기 때문입니다. 모든 교과목들은 서로 연관성이 있고, 또 교과목을 보충하는 내용의 책들도 많이 있으므로 다양한 분야의 독서를 통하여 간접경험을 하고, 지식기반을 다진다면 서술과 논술·구술은 결코 생소한 것이 아닙니다. 올바른 독서법이야 말로 세계화 시대의 경쟁력 있고, 생산성 향상을 위한 교육의 첩경이고 앞서가는 선진교육이라고 봅니다.

이제야 말로 모두가 독서의 힘으로 논술을 준비할 때입니다. 서점에 가면 학생들이 쪼그리고 앉아 책을 읽는 모습이 참으로 대견스럽기만 합니다. 최근 신문 보도를 보면 여론 조사기관인 NOP 월드가 세계 30국 중에 13세 이상 3만 명을 대상으로 면접한 결과 한국 국민의 독서 시간은 일주일에 3.1시간으로 조사되어 30개국 중에 최하위로 조사되어 있습니다. 우리나라 국민의 독서에 대한 통계가 이렇게 낮은 것을 보고 저자는 매우 안타깝게 생각하였습니다. 이제는 온 국민이 하루에 20분이나 30분 정도라도 자기 발전을 위하여 꾸준히 책과 함께 여행을 하는 시간을 꼭 계획할 때라고 생각합니다.

적은 시간에 많은 독서를 할 수 있는 여유와 방법을 이 책은 찾아드릴 것입니다. 이 책을 읽는 이마다 올바른 속독법을 익혀 큰 학습효과를 거두시기 바랍니다.

저자 손 동 조

차례 중급 Contents

I 속독법의 이해와 속독 기본 훈련
- 속독의 필요성 … 10
- 책 읽는 기쁨 … 11
- 폭 넓은 독서 … 12
- 읽히기 쉬운 책 고르기 … 14
- 속독 훈련을 위한 바른 자세 … 15
- 뇌(腦)로 보는 집중력 수련법 … 16
- 뇌(腦)로 보는 정신 집중 수련 도표 … 17
- 소중한 눈을 지키기 위한 "눈" 건강법 … 18
- 경혈 지압법 … 19
- 중급 2단계 기본 안구 운동 ①호 … 20
- 중급 2단계 기본 안구 운동 ②호 … 22
- 속독과 독서력 향상을 위한 나의 진단 … 26
- 2단계 눈 체조 설명 … 27
- 눈 체조 기호 ❶ 마름모 구도 … 28
- 눈 체조 기호 ❷ 상 → 하 … 29
- 눈 체조 기호 ❸ 좌 ↔ 우 … 30
- 집중력 향상을 위한 미로 찾기 ①,②,③ … 31
- 훈련 기록표 … 34

II 숫자·기호·글자 인지 훈련
- 스캐닝 기법 … 37
- 숫자 인지 능력 십 단위 훈련표 ❶ … 38
- 훈련 기록표 … 39
- 숫자 인지 능력 십 단위 훈련표 ❷ … 40
- 숫자 인지 훈련 기록표 … 41
- 기호 글자 인지 시야 확대 중급단계
- 기본 훈련 ❶ 일~오 … 42
- 기본 훈련 ❷ 한~가 … 43
- 기본 훈련 ❸ 국~니 … 44
- 기본 훈련 ❹ 두~다 … 45
- 기본 훈련 ❺ 뇌~라 … 46
- 기본 훈련 ❻ 개~마 … 47
- 기본 훈련 ❼ 발~바 … 48
- 기본 훈련 ❽ 교~사 … 49
- 기본 훈련 ❾ 육~아 … 50
- 기본 훈련 ❿ 원~자 … 51
- 시야 확대 기호 글자 인지 훈련 기록표 … 52

III 두 글자 인지 훈련(중급)
빠른 속독을 위해 단어 인지 능력 향상
- 훈련 ❶ 딸기·상어·장미 … 54
- 훈련 ❷ 돼지·사자·사슴 … 55
- 훈련 ❸ 상어·딸기·꽁치 … 56
- 훈련 ❹ 고래·장미·포도 … 57
- 훈련 ❺ 연필·악어·사자 … 58
- 훈련 ❻ 꽁치·상어·상장 … 59
- 훈련 ❼ 연필·악어·사자 … 60
- 훈련 ❽ 상장·꽁치·연필 … 61
- 훈련 ❾ 장미·포도·나비 … 62
- 훈련 ❿ 인삼·사슴·기차 … 63
- 인지 능력 향상을 위한 단어 훈련 기록표 … 64

IV 글자 인지 시야 확대 훈련
- 훈련 ❶ 해바라기~딸기와 바나나 … 66
- 훈련 ❷ 고래사냥~프로야구 열풍 … 68
- 훈련 ❸ 척척박사~등산하기 좋다 … 70
- 훈련 ❹ 봉사 활동~세월이 약이다 … 72
- 훈련 ❺ 천재 교육~확산시킨 요인 … 74
- 훈련 ❻ 사법고시~다양한 조리법 … 76
- 훈련 ❼ 속독 시간~미인 선발 대회 … 78
- 훈련 ❽ 고속 도로~경주 불국사에 … 80
- 훈련 ❾ 두뇌 개발~연날리기 대회 … 82

The Super Speed Reading

훈련 ❿ 관광 버스~광화문 사거리 84
시야 확대 4글자~6글자 인지 훈련 기록표 86

단어 인지 집중력 두뇌 테스트 훈련 ❶ 88
단어 인지 & 집중력 두뇌 테스트 기록표 89

두뇌 체조 글자 색 집중력 훈련 ①호 90
스피드 & 집중력 향상을 위한 훈련 기록표 91

Ⅴ 네 줄 글자 인지 훈련

훈련 ❶   192자   95
훈련 ❷   384자   96
훈련 ❸   576자   97
훈련 ❹   768자   98
훈련 ❺   960자   99
훈련 ❻   1,152자   100
훈련 ❼   1,344자   101
훈련 ❽   1,536자   102
훈련 ❾   1,728자   103
훈련 ❿   1,920자   104
네 줄 글자 기호 인지 훈련 기록표   105
글자 인지 능력 훈련표 1호   106
집중력 향상을 위한 미로찾기 ①, ②, ③   108

Ⅵ 네 줄 글자 내용 인지 훈련

훈련 ❶호   개미와 베짱이   115
훈련 ❷호   개미와 베짱이   116
훈련 ❸호   개미와 베짱이   117
훈련 ❹호   개미와 베짱이   118
훈련 ❺호   개미와 베짱이   119
훈련 ❻호   개미와 베짱이   120
훈련 ❼호   개미와 베짱이   121
훈련 ❽호   당나귀를 메고 가는 부자(父子)   122
훈련 ❾호   당나귀를 메고 가는 부자(父子)   123
훈련 ❿호   당나귀를 메고 가는 부자(父子)   124
네 줄 글자 내용 인지 훈련 기록표   125

Ⅶ 실전 속독 이해도 테스트(4)

백제의 시조 온조왕 ⑦   129
  이해력 테스트   132
사자왕의 출정 ⑧   134
  이해력 테스트   136

글자 인지 시야 확대 4글자~6글자
  훈련❷   138
시야 확대 4글자~6글자 인지 훈련 기록표 140

단어 인지 집중력 두뇌 테스트
  훈련❷   142
단어 인지 & 집중력 두뇌 테스트 기록표 143

두뇌 체조 글자 색 집중력 훈련 ②호 144
스피드 & 집중력 향상을 위한 훈련 기록표 145

Ⅷ 다섯 줄 글자 인지 훈련

훈련 ❶호   180자   149
훈련 ❷호   360자   150
훈련 ❸호   540자   151
훈련 ❹호   720자   152
훈련 ❺호   900자   153
훈련 ❻호   1,080자   154
훈련 ❼호   1,260자   155
훈련 ❽호   1,440자   156
훈련 ❾호   1,620자   157
훈련 ❿호   1,800자   158
다섯 줄 글자기호 인지 훈련 기록표   159
글자 인지 능력훈련표 2호   160
집중력 향상을 위한 미로찾기 ①, ②, ③   162

Ⅸ 다섯 줄 글자 내용 인지 훈련

훈련 ❶호   황금알을 낳는 닭   169
훈련 ❷호   황금알을 낳는 닭   170
훈련 ❸호   황금알을 낳는 닭   171

훈련 ❹호	영리한 매미와 여우	172	
훈련 ❺호	영리한 매미와 여우	173	
훈련 ❻호	두더지와 은혜를 모르는 고슴도치	174	
훈련 ❼호	두더지와 은혜를 모르는 고슴도치	175	
훈련 ❽호	두더지와 은혜를 모르는 고슴도치	176	
훈련 ❾호	두더지와 은혜를 모르는 고슴도치	177	
훈련 ❿호	두더지와 은혜를 모르는 고슴도치	178	

다섯 줄 글자 기호 인지 훈련 기록표　　179

X 실전 속독 이해도 테스트(5)

선덕여왕의 세 가지 예언 ⑨　　183
　이해력 테스트　　186
노파와 두 직녀 ⑩　　188
　이해력 테스트　　190

글자 인지 시야 확대 4글자~6글자
　훈련 ❷　　192
시야 확대 4글자~6글자 인지 훈련 기록표　194

단어 인지 집중력 두뇌 테스트
　훈련 ❸　　196
단어 인지 & 집중력 두뇌 테스트 기록표　197

두뇌 체조 글자 색 집중력 훈련 ③호　198
스피드 & 집중력 향상을 위한 훈련 기록표　199

XI 부록

실전 속독 독해(讀解) 능력 테스트표　　202
실전 속독 독해 훈련 테스트 ②　　203
중급 정답　　206
제일 빠른 속독법 인증 급수표　　207
읽고 싶은 책 속독 이해도 측정 정답　　208
논술이란?　　209
초등 논술형 문제 대비법　　210
초등학교 4, 5, 6학년 권장 도서 목록　　213

I

속독법의 이해와 속독 기본 훈련

- 속독의 필요성
- 속독법은 저에게 책 읽는 기쁨을 가르쳐 주었습니다.
- 폭넓은 독서는 서술 및 논술형 평가의 공부 방법
- 읽히기 쉬운 책고르기
- 속독 훈련을 위한 바른 자세
- 뇌로 보는 집중력 수련법
- 뇌로 보는 정신 집중 수련 도표
- 소중한 눈을 지키기 위한 "눈" 건강법
- 경혈 지압법 중급 2단계 기본 안구 운동
- 속독과 독서력 향상을 위한 나의 진단
- 2단계 눈 체조 설명
- 눈 체조 기호
- 집중력 향상을 위한 미로찾기

The Super Speed Reading

독서 교육을 위한 속독의 필요성

가장 큰 부자가 되는 길

옛날에 많은 사람이 큰 배를 타고 바다를 건너고 있었습니다. 배 안에 타고 있던 사람들은 모두 부자였기에 호화로운 옷을 입고 온갖 보석으로 치장하고 있었습니다. 그리고 자신이 얼마나 부자인지 서로 뽐내기에 여념이 없었습니다.

그런데 오직 한 사람은 허름한 옷을 입고 가만히 부자의 얘기를 듣고 있었습니다. 그는 공부하는 학자였습니다. 부자들은 그를 무시하여 재산이 있느냐고 물었습니다. 그는 누구보다 많은 재산을 가지고 있다고 대답했습니다. 그 때 갑자기 사람들의 비명소리가 들렸습니다. 해적들이 배를 습격한 것입니다. 해적들은 부자들이 가지고 있던 보석과 집문서, 돈 등 가진 것 모두를 빼앗아 갔습니다. 그 후 부자들은 특별한 기술이 없어서 짐꾼이 되거나 심부름꾼이 되어 하루하루 근근이 살아가게 되었습니다.

한편 학자는 깊은 지식과 인격을 갖추었기에 그 고장의 학교를 찾아가 학생들을 가르치게 되었습니다.

어느 날 거리에서 학자와 부자들이 만나게 되었습니다. 부자들은 존경을 받으면서 학생을 가르치는 학자를 보며 이렇게 말했습니다. "학자여! 당신이야말로 이 세상의 가장 큰 부자입니다. 지식을 가지고 있다는 것은 이 세상의 모든 것을 가진 것이나 마찬가지로군요."

위 이야기를 통해 우리는 지식이야말로 누구에게 뺏기는 일 없이 안심하고 지닐 수 있는 재산이라는 것을 알 수 있습니다. 한번 쌓아놓으면 뺏기지 않는 소중한 지식. 이것은 대부분 좋은 책을 통해 얻어진다고 할 수 있습니다. '독서는 마음의 양식' '책 속에 길이 있다' 등의 말은 독서의 중요성을 역설해 주는 말입니다.

하지만 책을 읽는 방법을 모른다면 아무리 좋은 책도 그림의 떡일 수밖에 없습니다. 어린 나이에 독서 능력을 개발하여 자신에게 필요한 지혜와 지식을 습득하는 방법을 위해 속독을 배워야 하겠습니다. 다양한 훈련 프로그램을 따라 하다 보면 책 읽는 속도도 빨라지며 핵심을 보는 눈, 집중력, 공부에 대한 흥미와 자신감도 유발되니 일거양득이라 하지 않을 수 없습니다. 가장 안전한 재산인 지식을 지닌 학자와 같이 우리도 독서 능력을 개발하여 남보다 앞서 가는 삶을 살길 바랍니다.

속독법을 배운 수험생 최은영

속독법은 저에게
책 읽는 기쁨을 가르쳐 주었습니다.

    자격증 준비하는 중에 운이 좋게도 손동조 원장님의 「초스피드 속독법」이라는 책을 접하게 되었습니다. 평소에 책 읽는 속도가 느려서 걱정하던 터라 그 기쁨은 이루 말할 수 없었습니다. 이번 기회에 확실히 끝내고자 하는 마음에 두뇌개발원에 찾아가 이 책의 저자이신 손 동조 원장님께 직접 속독법 훈련을 받았습니다.

    처음에는 정말 속독이라는 것이 될까 하는 생각도 많이 들었지만 하루하루 훈련해 가면서 그런 생각은 말끔히 사라졌습니다.

    "된다~! 된다~! 정말 된다~! 속독이라는 것이 정말 되는구나~!"
이렇게 조금만 훈련해도 책 읽기가 몇 배에서 몇 십 배 정도는 향상되는데, 조금이라도 어린 나이에 속독법 책을 접하게 되면 누구나 자기가 원하는 목표를 이룰 수 있겠다는 생각이 들었습니다.

    훈련중에 실전책 읽기를 병행하고 자격증 관련 서적을 꾸준히 읽어온 지금은 예전에 비해 정말 빠른 속도로 책을 읽고 있습니다. 또한, 학습의 향상으로 인해 학습 내용의 암기와 문제풀이가 쉬워졌고, 어렵게만 느껴졌던 자격증 과목을 공부하는 것이 즐거워졌습니다. 시험 문제의 지문을 읽어내려갈 때면 괜히 기분이 좋아집니다.

    속독법은 저에게 책을 읽는 기쁨을 가르쳐 주었습니다. 좀 더 일찍 이 책을 만났으면 좋았을 걸 하는 생각이 들 정도로 정말 많은 도움이 되었습니다. 혹시나 하고 망설이는 분이 있으면 지금 당장 시작하세요. 큰 꿈을 이룰 수 있을 것입니다. 지금 이 책이 그 발판이 되어 줄 것이고 우리 아이들의 장래에 빛이 되어 줄 거라 믿어 의심치 않습니다.

    그동안 훌륭한 가르침을 주신 손동조 원장님과 속독법 관계자 여러분께 진심으로 감사 드립니다.

속독법을 배운 수험생 장세복

The Super Speed Reading

폭넓은 독서는 서술 및 논술형 평가의 공부 방법

독서(읽기)

논술에서 폭넓게 독서를 하는 것이 유리합니다. 서술 및 논술형 문항은 대입을 준비하는 고교생의 전유물이 아니라 초등학생들에게도 이제 철저한 준비가 필요합니다. 서술형·논술형 평가의 목적은 학생 자신의 생각을 논리적으로 정리하는가를 살펴보는 시험이고 학생의 생각을 파악하는 데 있습니다. 그렇기 때문에 체계적이고 지속적인 독서를 통해 다양한 주체에 대해 깊이 생각하는 습관이 필요합니다. 올바른 독서 교육을 위해, 교육청이 선정한 추천 도서를 참고로 하여 읽는 것도 방법이고, 또 쉽게 찾을 수 있는 책부터 혹은 어린이가 읽고 싶어하는 책 위주로 읽는 것도 빠르게 독서력을 넓혀 가는 방법입니다. 과학과 사회, 수학 등 국어 외 지식과 흥미를 불러일으키는 책을 읽습니다. 이렇게 교과목에서 꼭 알아야 할 개념이나 원리 등을 쉽게 이해하는 데 도움이 되는 책으로, 다양하고 폭넓은 독서를 하는 것은 서술 및 논술형 평가의 대비책입니다.

논술(서술·글쓰기)

책을 읽고나서 생각을 요약하는 글쓰기 연습도 중요합니다. 읽은 책의 내용을 간단하게 적고 개요를 작성하는 한편, 중요한 내용을 몇 문장으로 줄이는 등 요약하는 연습을 하는 것도 도움이 됩니다. 글쓰기는 간결한 문체로 명료하게 표현되어야 합니다. 매일 손쉽게 할 수 있는 독서 기록부나 일기를 꾸준히 쓰도록 권합니다. 초등학생 때부터 스스로 쓰는 능력을 기르기 위하여 글쓰기를 하여야 합니다. 이렇게 일기, 편지, 시, 독서 감상문 쓰기 등이 논술 쓰기의 기초가 되는 것입니다.

토론(구술·말하기)

  흔히, 독서를 많이 했으니, 아는 게 많아 토론도 잘할 것이라고 생각합니다. 그러나, 아는 내용도 아이들은 머뭇거리거나 횡설수설하거나, 조리 있게 말하지 못하면 부모님은 실망하고 맙니다. 이런 경우, 신문이나 방송의 다양한 내용을 비판적으로 분석하고, 부모님·선생님·친구들과 여러 주제별로 대화를 나누는 것도 글쓰기 연습에 좋은 방법이 됩니다. 방송이나 신문 등를 보면서 자기의 생각을 이야기하는 훈련도 아이들에게는 토론하는 능력을 길러 줍니다. 우선, 아이들에게 책을 읽고 느낀 것을 말해 보게 하세요. 이때 중요한 것은 쉽게 대답할 수 있는 이야깃거리를 찾아내는 것입니다. 주제에 대하여 자기의 솔직한 생각을 말하는 훈련이 필요합니다. 구술시험의 평가는, 대답은 결론부터 하되 간단명료하게 답변할 수 있어야 합니다. 특히, 말할 때나 답변을 할 때 예의바르고 진지한 태도가 무엇보다도 중요합니다.

실전(지문 읽기·문제 풀기)

  시험지를 받고 지문을 읽기 전에 문제부터 살펴봅니다. 문제가 무엇인가를 알고 읽으면 예문의 지문 읽기 과정에서 그 요점이 발견되고 지문이 쉽고 빠르게 읽히게 됩니다. 이때, 쉬운 문제도 함정이 있으니 꼼꼼히 살펴보는 훈련이 필요합니다. 평소 공부할 때에 주요 핵심어에 밑줄을 긋고 이해하면서 읽는 습관을 가집니다. 이 방법은 문제 풀기에 도움이 됩니다. 읽는 과정에서 꾸준히 논제가 무엇인지 잘 알아야 합니다. 이러한 지문 읽기 훈련은 속독법 교육 훈련내용에서도 강조하는 공부방법이고, 초등학생뿐만 아니라 언어영역 대비와 각종 자격시험 대비에도 매우 유용합니다.

The Super Speed Reading

읽히기 쉬운 책 고르기

아이들에게 아무 책이나 무족건 많이 읽게 하는 것보다 본인의 어휘 능력에 따라서 쉬운 책부터 접근해야 합니다. 아이의 수준을 높인다고, 혹은 선행학습을 한다고 억지로 읽게 하면 책 그 자체를 싫어할 수 있으므로 수준에 맞지 않는 책을 권하지 않도록 주의를 기울여야 합니다. 초등학교 대부분의 아이들은 스스로 자기가 읽고 싶을 책을 선택하여 읽게끔 책 고르기를 도와 주어야 합니다.

1. 전집 종류의 책인 경우, 더욱 많은 분량의 책들을 보고 부담을 먼저 느끼는 경우가 많습니다. 전집 종류 중에서도 번호 순서대로 읽게 하지 말고, 자기가 읽고 싶은 순서로 읽으라고 권하고 싶습니다.
2. 아이에게 과연 좋은 내용을 담고 있는 책인지 부모님이 사전에 검토를 해 보는게 좋습니다.
3. 아이가 책 읽기를 즐기기 시작하면 독후감이나 독서 일기, 독서 그림 등을 통하여 읽고 난 후의 생각이나 의견을 표현하게 합니다.
4. 문학성이 풍부한 책은 인물의 모습이 뚜렷하므로 아이에게 도움이 됩니다.
5. 부모님과 책에 대한 토론을 하고, 비판하고, 다양하게 사고력을 기를 수 있게 시간을 마련합니다.

속독법을 배우면서 실전 훈련을 할 때, 우리 정서에 맞는 창작 동화나 문화적 내용이 담긴 옛날 이야기 등이 초등학생들에게 속독 훈련을 쉽게 할 수 있는 가장 알맞은 책이라 볼 수 있습니다. 즉, 내용이 충실하고 문장이 짧은 책으로 선택합니다. 책의 내용이 너무 길어 흥미를 잃게되면 속독법을 배우는 기회를 놓치게 되는 경우가 됩니다.

그리고, "너무 빨리 읽어서 아이가 내용을 모르겠지"라고 단정하지 말고, 집중력과 진지한 태도로 읽게 도와줘야 합니다. 책을 읽으면서 이해하는 속도는 책의 난이도에 따라 조금씩 달라질 수 있으므로 읽는 속도가 빠르거나 느린 것은 평가하지 말아야 합니다. 속독 훈련 중에는 의도적으로 평소보다 속도를 빠르게 읽기를 권합니다. 몇 번을 훈련하다보면 꾸준히 책 한 권을 뚝딱 다 읽는 습관이 저절로 생깁니다. 이것이 속독의 효과이며, 위력입니다.

The Super Speed Reading

속독 훈련을 위한 바른 자세

➡ 나의 속독 훈련을 위해 자세를 점검하세요!

1. 속독 기본 훈련은 매일 10~20분 정도 꾸준히 실천하고 있나요?
   　　　　　　　　　　　　　　　　예 (　　　), 아니오 (　　　)

2. 책을 읽을 때 시점을 중심에 두고 있나요?
   　　　　　　　　　　　　　　　　예 (　　　), 아니오 (　　　)

3. 집중을 하고 책을 읽고 있나요?
   　　　　　　　　　　　　　　　　예 (　　　), 아니오 (　　　)

4. 속독 기본 훈련과 책 읽기 실전 훈련을 병행하고 있나요?
   　　　　　　　　　　　　　　　　예 (　　　), 아니오 (　　　)

5. 1주일에 3권 이상의 책을 읽나요?
   　　　　　　　　　　　　　　　　예 (　　　), 아니오 (　　　)

6. 책을 읽고 난 후 독후감이나 도서 목록 기록을 하고 있나요?
   　　　　　　　　　　　　　　　　예 (　　　), 아니오 (　　　)

7. 책을 읽는 중에 눈이 피로하다고 느끼면 조금 쉬었다가 읽나요?
   　　　　　　　　　　　　　　　　예 (　　　), 아니오 (　　　)

8. 책 읽기에 어두운 조명 아래서 읽고 있지는 않나요?
   　　　　　　　　　　　　　　　　예 (　　　), 아니오 (　　　)

9. 책 읽기 전에 책상 위를 정리정돈하였나요?
   　　　　　　　　　　　　　　　　예 (　　　), 아니오 (　　　)

10. 항상 바른 자세로 책을 읽으려고 노력하나요?
    　　　　　　　　　　　　　　　　예 (　　　), 아니오 (　　　)

바른 자세

나쁜 자세

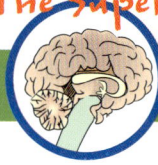

뇌(腦)로 보는 집중력 수련법

얀트라(yantra) 명상으로 정신 통일과 집중력 훈련

① 얀트라 도표가 있는 책을 양손으로 잡고 쭉 편 상태에서 눈의 높이와 동일하게 책을 세운다.
② 마음을 이완시키고 편안한 자세를 유지한다.
③ 도형을 보고 집중한 상태에서 정신력으로 부드럽게 도형의 배경에 막을 형성한다.
④ 도형을 보고 집중한 상태에서 약 1분간 주시한다.
⑤ 도형의 가장자리가 환하게 달무리처럼 보일 때까지 기다린다.
⑥ 눈은 되도록 깜박이지 말고 얀트라를 주시한다.
⑦ 집중한 상태에서 서서히 하나·둘·셋을 세고 흰 공백이 있는 아래로 빠르게 이동하여 주시한다.
⑧ 도형의 색상이 역상인 상태에서 잔상이 나타난다.
⑨ 그 잔상이 사라질 때까지 오래도록 유지시킨다.
⑩ 잔상이 완전히 사라지면 눈을 감고 정신의 눈으로 얀트라를 다시 회생시킨다.
⑪ 그러면 이마 앞에 다시 도형이 나타나게 된다.
⑫ 그 도형이 모두 사라질 때 눈을 뜨면 된다.

뇌(腦)로 보는 정신 집중 수련 도표

설명 아래의 도형을 약 1분간 주시했다가 아래 수련판의 흰 공백으로 이동하여 주시합니다. (도형이 사라질 때까지 주시하세요.)

집중력 수련판

The Super Speed Reading
소중한 눈을 지키기 위한 "눈" 건강법

1. 눈 체조 운동을 규칙적으로 하는 것이 시력 향상에 도움이 된다.
2. 책을 읽을 때, 자연광의 밝기에 가까울수록 눈 보호에 좋다.
3. 책을 읽을 때에는 턱을 약간 당긴 상태에서 편안하고 바른 자세를 유지한다.
4. 책과 눈의 거리는 30~50cm를 유지하는 것이 가장 좋다.
5. 책을 읽을 때의 책의 각도는 약 45°를 유지하여야 한다.
6. 활자가 너무 작거나 글자가 희미한 책은 눈이 피로하기 쉽다.
7. 흔들리는 차 안에서 책을 읽으면 초점이 흐트러져 두통과 눈의 피로가 가중된다.
8. 눈이 피로하다고 손으로 눈을 직접 비비거나 안구를 압박하지 말아야 한다.
9. 안구의 근육을 이완시켜 주고 눈을 크게 뜬 상태에서 먼 경치를 주시한다.
10. 눈에 피로가 오면 가볍게 눈을 감고 눈 주위의 경혈을 지압하여 눈의 피로를 풀어 준다.

안구 훈련시 눈의 피로를 풀어 주는
경혈(經穴) 지압법

한방에서 경혈(經穴)은 경락을 따라 흐르는 기혈이 모이거나 흩어지는 자리를 말하며, 경혈 자리에 침을 놓거나 뜸을 떠 기혈의 소통을 원활하게 돕는다.
또한, 경혈 지압은 오장육부의 균형을 도모하며, 간단한 경혈의 자극으로 피로를 풀고 인체의 모든 기능을 돕게 한다.

1 찬죽(攢竹)
눈썹의 내측부의 끝에서 눈썹 안으로 1푼(分) 들어가 누르는 오목한 위치의 점.

2 동자료(瞳子髎)
눈의 외제각에서 5푼(分)에 위치한 점.

3 정명(睛明)
눈의 내제두의 끝 1푼(分) 떨어져 홍육(紅肉) 오목한 위치의 점.

4 사죽공(絲竹空)
눈썹의 바깥 끝에 움푹한 곳인 광대뼈의 전두 돌기 외연에 생긴 오목한 위치의 점.

5 태양혈(太陽穴)
귀의 위, 눈의 옆, 음식을 씹으면 움직이는 곳.

6 승읍(承泣)
눈동자를 통한 수직으로 중앙 하연, 동자료부터 7푼(分) 아래에 위치한 점.

7 사백(四白)
눈동자로부터 수직으로 1치 아래 위치, 승읍으로부터 1cm 직하(直下)로 위치한 점.

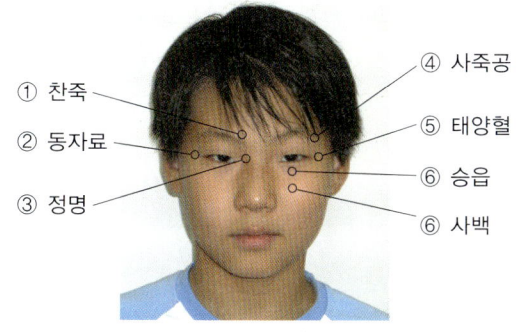
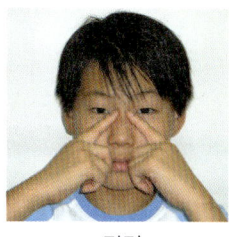
정명
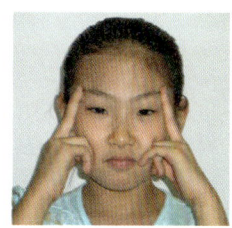
사죽공

방법: 엄지나 중지(中指), 약지(藥指) 중 양 손을 사용하여 그림의 혈 자리를 가볍게 누르고 눈을 감고 마음 속으로 5초를 세며, 각 3회씩 실시한다.

The Super Speed Reading

중급 2단계   기본 안구 운동 ①호

> 🔷 **설명**   ※ 초시계를 준비하세요.
> 시작과 동시에 초시계의 버튼을 누르세요.

❶ 시점을 책의 제본선에 두고 左·右의 기호를 빠르게 인지하세요.
❷ 자세는 바르게 평정 상태를 유지하세요.

The Super Speed Reading

● 시야 확대 훈련

❸ 턱을 아래로 당긴 상태에서 머리를 고정시키세요.
❹ 눈에 힘을 넣어 안구를 이동시키세요.
❺ 좌·우의 같은 도형을 1~6까지 10회를 반복 실시하세요.
❻ 소요 시간을 측정하여 기록하세요.

점 →

The Super Speed Reading

중급 2단계 기본 안구 운동 ②호

> 설명 ※ 초시계를 준비하세요.
> 　　　시작과 동시에 초시계의 버튼을 누르세요.

❶ 시점을 책의 제본선에 두고 左·右의 기호를 빠르게 인지하세요.
❷ 자세는 바르게 평정 상태를 유지하세요.

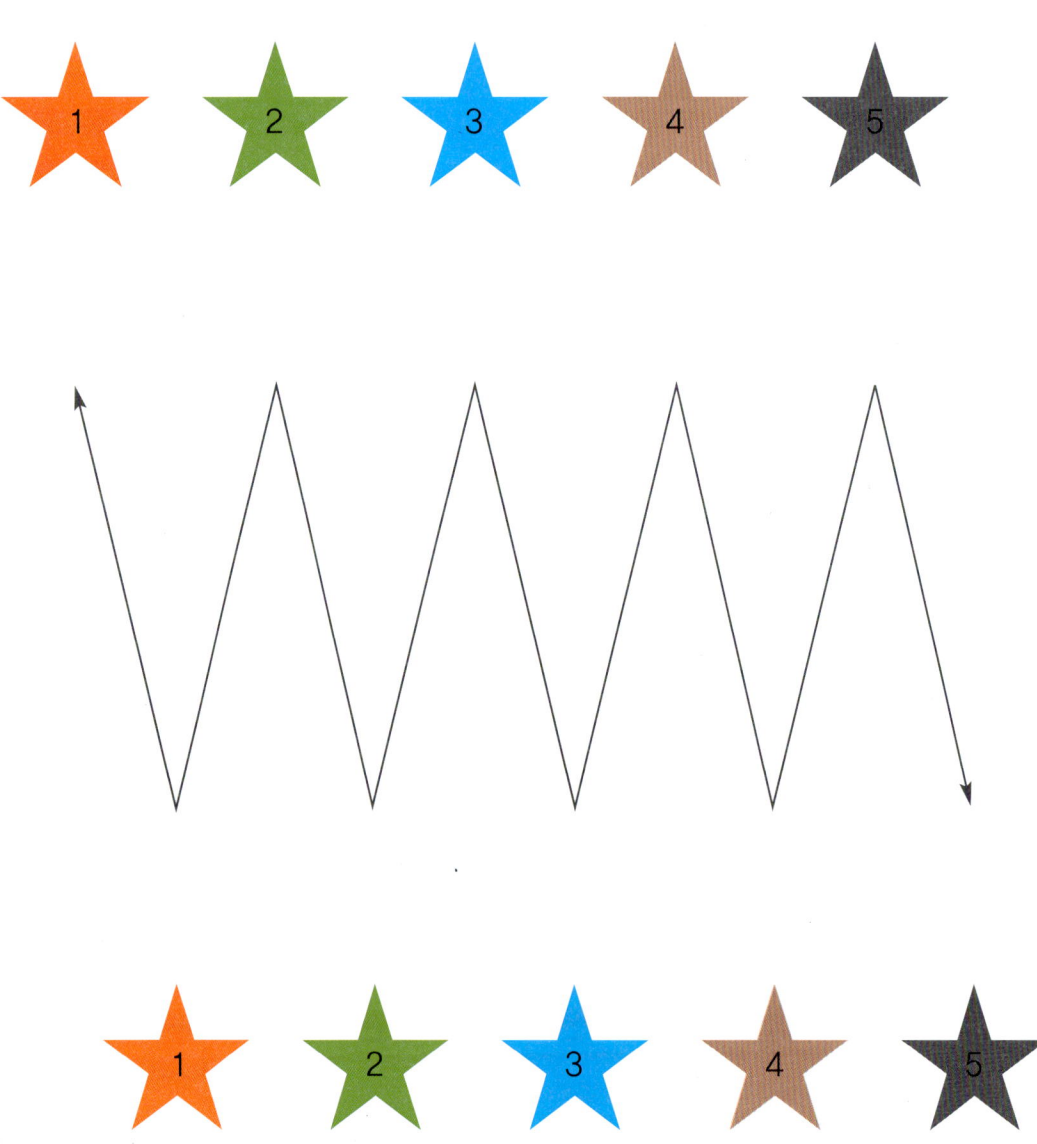

The Super Speed Reading

● 上·下 시야 확대 훈련

❸ 턱을 아래로 당긴 상태에서 머리를 고정시키세요.
❹ 눈에 힘을 넣어 안구를 이동시키세요.
❺ 상·하의 같은 도형을 1~10까지 왕복 5회를 반복 실시하세요.
❻ 두 쪽을 左·右로 연결하여 전진, 다시 후진하세요.

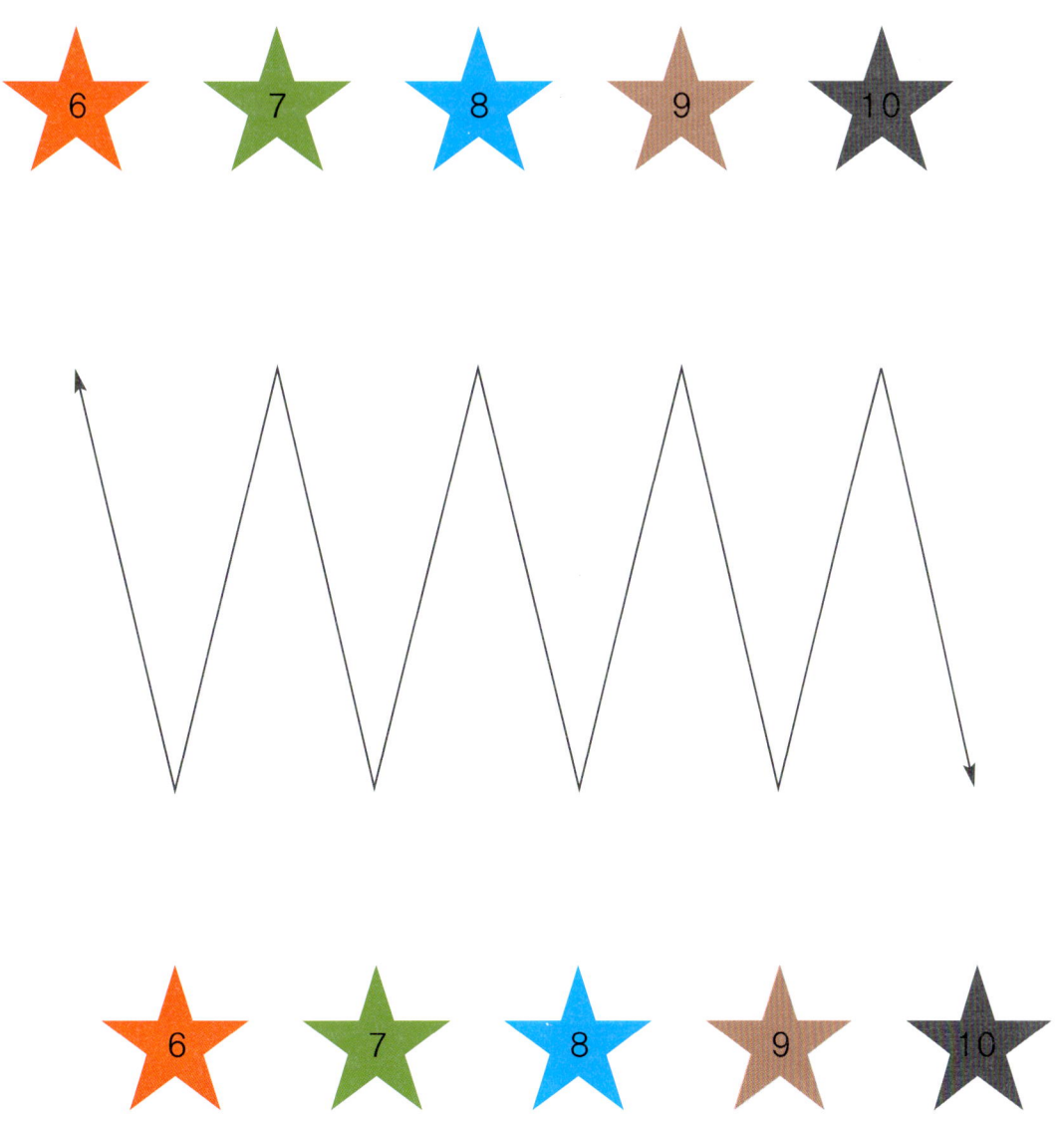

I. 속독법의 이해와 속독 기본 훈련

The Super Speed Reading

■ 기본 안구 운동 가로 훈련 기록표

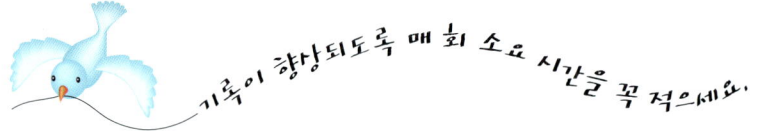
기록이 향상되도록 매회 소요 시간을 꼭 적으세요.

1차 : 초	2차 : 초	3차 : 초
4차 : 초	5차 : 초	6차 : 초
7차 : 초	8차 : 초	9차 : 초
10차 : 초	11차 : 초	12차 : 초
13차 : 초	14차 : 초	15차 : 초
16차 : 초	17차 : 초	18차 : 초
19차 : 초	20차 : 초	21차 : 초
22차 : 초	23차 : 초	24차 : 초
25차 : 초	26차 : 초	27차 : 초
28차 : 초	29차 : 초	30차 : 초

■ 기본 안구 운동 세로 훈련 기록표

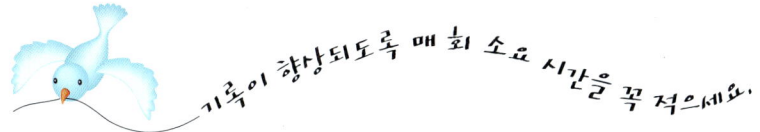
기록이 향상되도록 매 회 소요 시간을 꼭 적으세요.

1차 : 초	2차 : 초	3차 : 초
4차 : 초	5차 : 초	6차 : 초
7차 : 초	8차 : 초	9차 : 초
10차 : 초	11차 : 초	12차 : 초
13차 : 초	14차 : 초	15차 : 초
16차 : 초	17차 : 초	18차 : 초
19차 : 초	20차 : 초	21차 : 초
22차 : 초	23차 : 초	24차 : 초
25차 : 초	26차 : 초	27차 : 초
28차 : 초	29차 : 초	30차 : 초

The Super Speed Reading

속독과 독서력 향상을 위한 나의 진단

중급 테스트

1. 나는 공부를 잘 해야만 성공할 확률이 높다고 본다.
   ① 예(   )   ② 아니오(   )

2. 나는 부모님 말씀을 잘 듣는 편이다.
   ① 예(   )   ② 아니오(   )

3. 나는 친구들을 무시한 적이 없다.
   ① 예(   )   ② 아니오(   )

4. 나는 컴퓨터 게임보다 책을 좋아한다.
   ① 예(   )   ② 아니오(   )

5. 나는 속독법을 성공적으로 배워서 활용할 수 있다고 생각한다.
   ① 예(   )   ② 아니오(   )

6. 나는 속독법을 집에서도 꾸준히 훈련한다.
   ① 예(   )   ② 아니오(   )

7. 나는 책을 읽는 속도가 점점 좋아진다.
   ① 예(   )   ② 아니오(   )

8. 나는 집중력이 전보다 좋아졌다.
   ① 예(   )   ② 아니오(   )

9. 나는 사고력이 전보다 향상됐다.
   ① 예(   )   ② 아니오(   )

10. 나는 기억력도 많이 좋아졌다.
    ① 예(   )   ② 아니오(   )

11. 나는 친구들과 대화시 논리적으로 말할 수 있다.
    ① 예(   )   ② 아니오(   )

* 나의 테스트 결과 맞은 개수를 확인하고 해당되는 평가에 ○로 표시하세요.
  평가 : (10개~11개 : 우수함.)   (8~9개 : 양호함.)   (6~7개 : 노력 요함.)

2단계 눈 체조 설명

1. 눈 체조 ① ② ③의 각 호를 좌우로 2회씩 10초 동안 빠르게 이동하세요.

2. 목과 어깨에 힘을 빼고 평안한 자세를 유지하세요.

3. 몸을 바르게 유지하고 턱은 약간 당긴 상태에서 머리는 고정하세요.

4. 시점의 위치는 상단 중앙에 두고 훈련에 임합니다.

5. 번호 순서대로 화살표를 따라 안구를 빠르게 이동합니다.

6. 눈은 되도록 깜박이지 말고 안구에 힘을 넣어 이동합니다.

7. 차츰 시폭이 넓어지고 시야의 흐름의 부드러우면서 원숙해집니다.

8. 훈련시 안구 운동으로 시력이 매우 향상되게 됩니다.

9. 각 호에 따라서 좌우 또는 상하로 안구를 움직이면 안력(눈의 힘)이 강화됩니다.

10. 기호 ①~③호까지 반복 훈련으로 안구의 힘이 생기면 시야가 넓어집니다.

11. 매일 시간을 정하여 꾸준히 눈 체조 훈련을 합니다.

The Super Speed Reading

눈 체조 훈련
눈 체조 기호 ❶

시점을 중심에 두고 화살표(⇄) 방향으로 좌로 2회, 우로 2회씩 10초 동안 빠르게 반복 실시하세요.

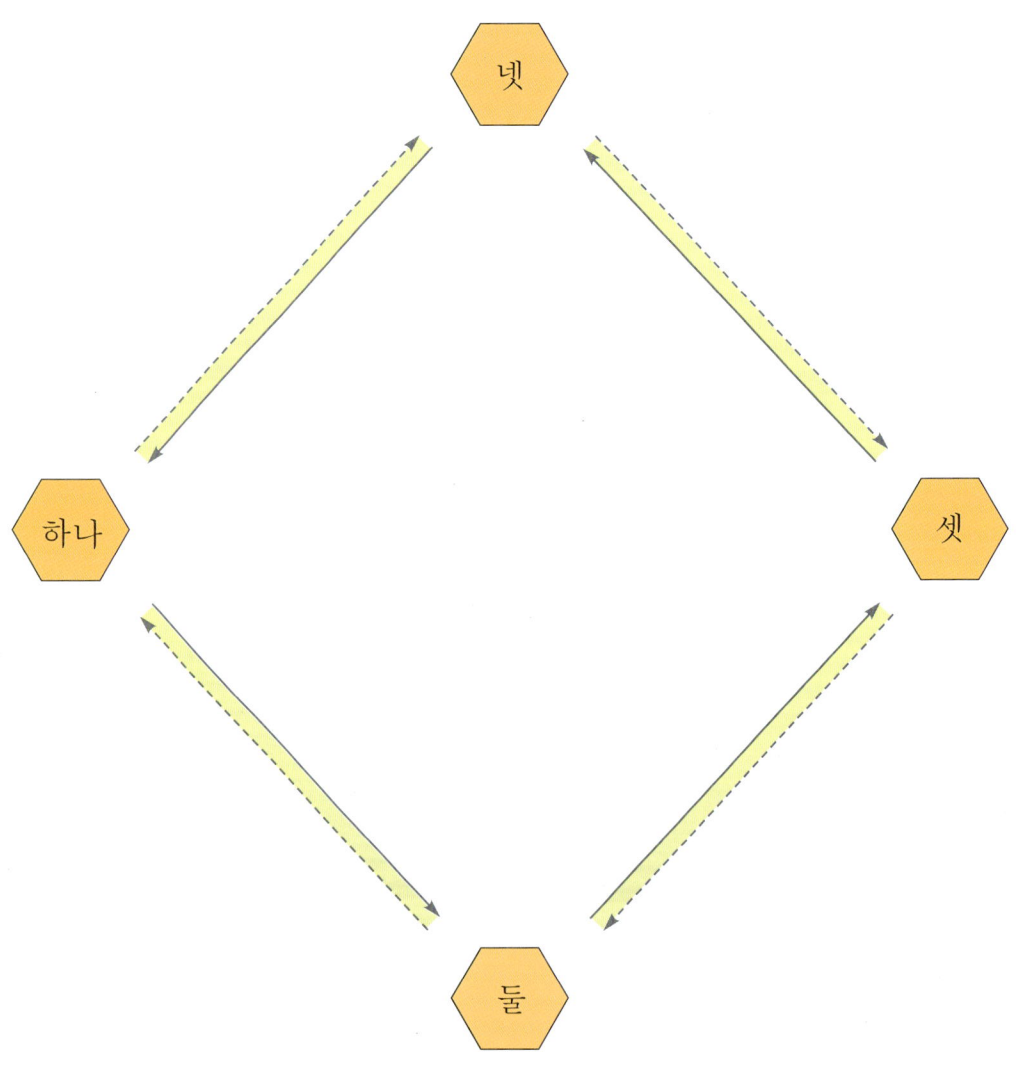

눈 체조 훈련

눈 체조 기호 ❷

시점을 중심에 두고 화살표(⇄) 방향으로 상·하 왕복으로 10초 동안 빠르게 반복 실시하세요.

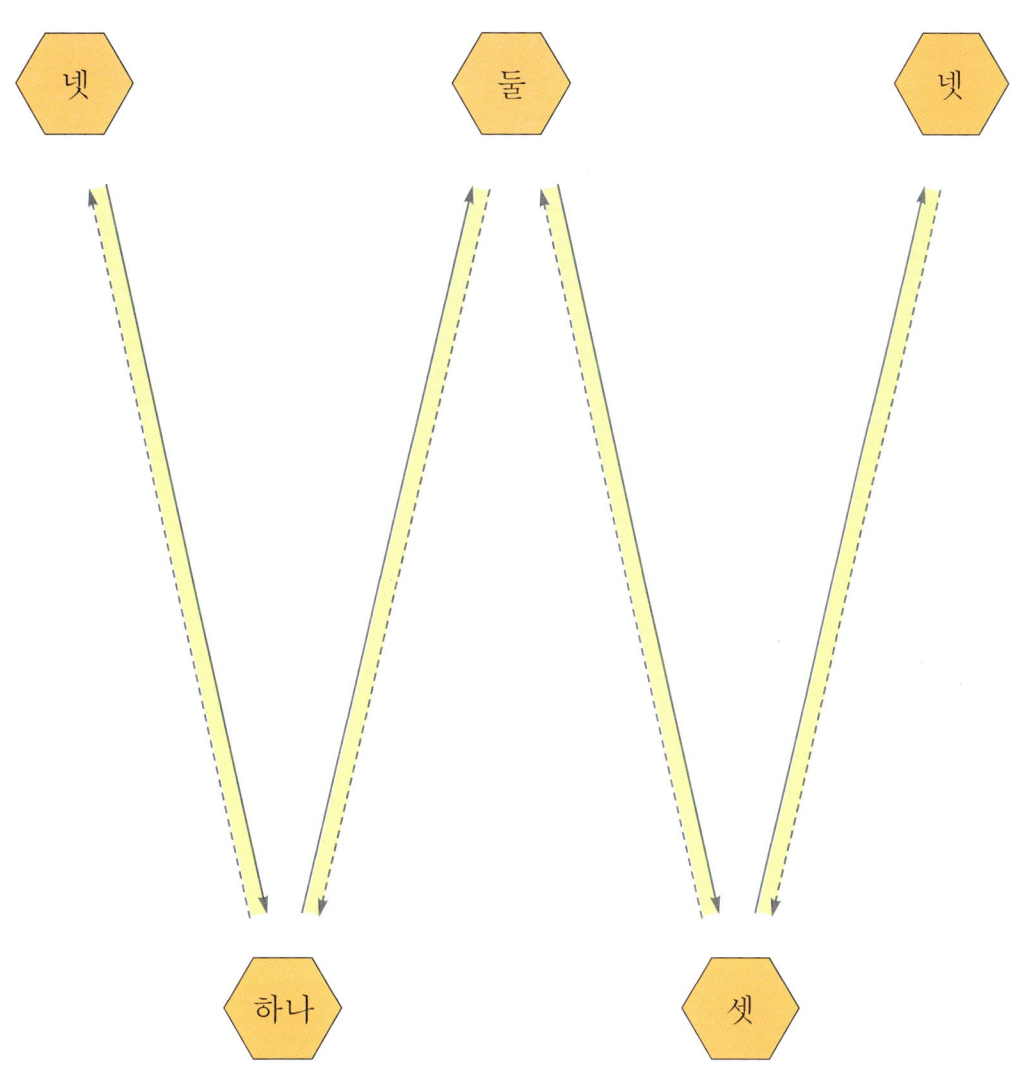

The Super Speed Reading

눈 체조 훈련
눈 체조 기호 ❸

시점을 중심에 두고 화살표(⇄) 방향으로 좌로 2회, 우로 2회씩 10초 동안 빠르게 반복 실시하세요.

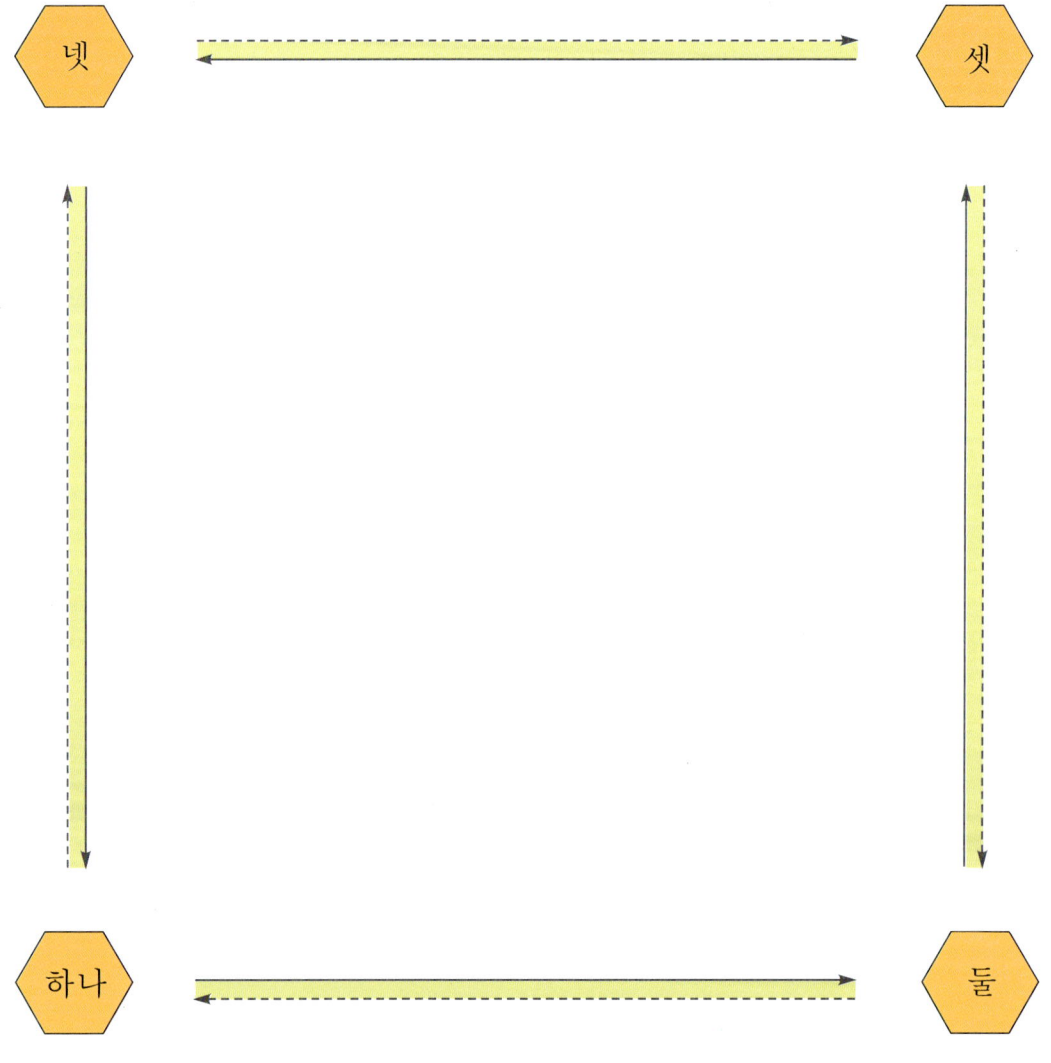

집중력 향상을 위한 미로찾기(1)

* 필기구는 절대로 사용하지 말고 눈으로만 미로를 따라 이동하세요.
* 준비! 하면 출발 화살표를 보고 있다가 시작과 동시에 이동하세요.

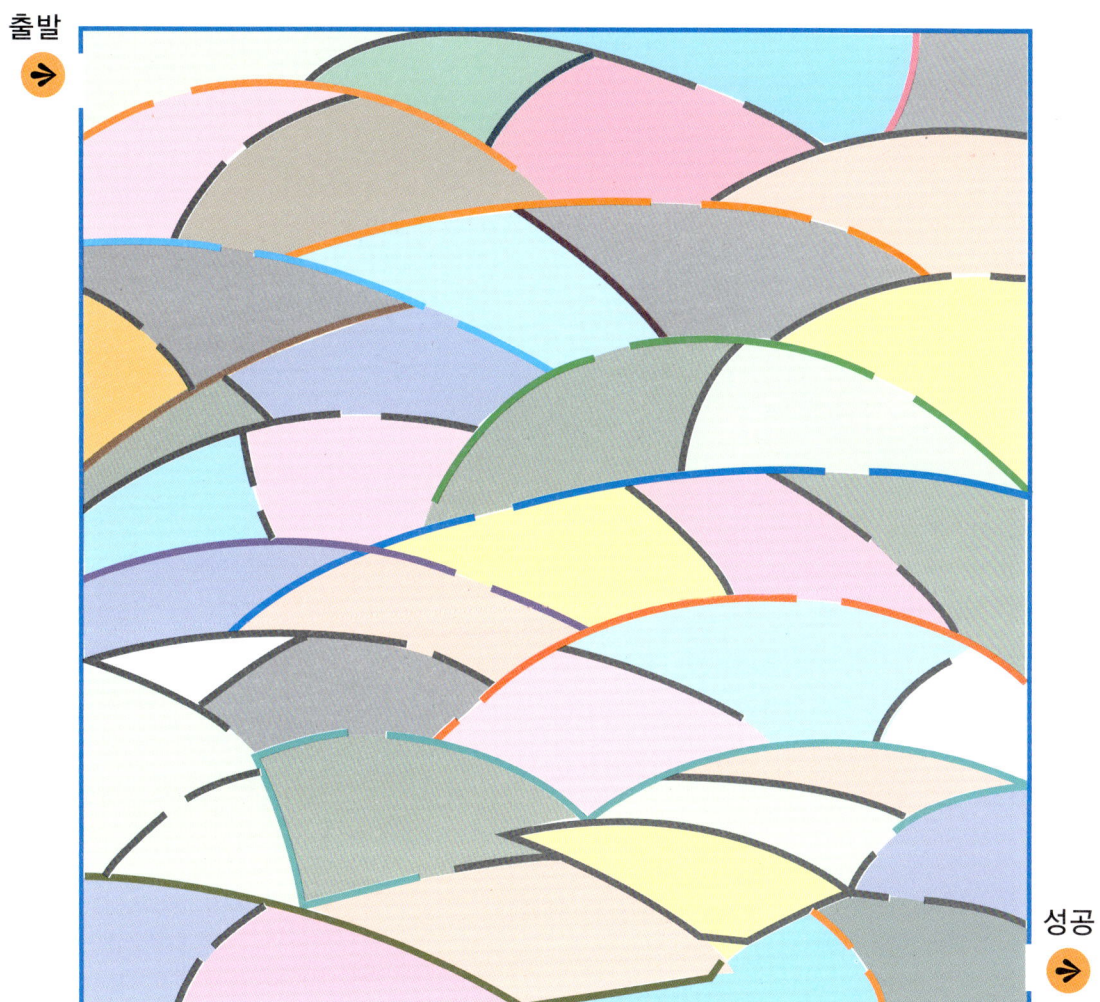

소요 시간 기록표 (소요 시간 : 7초 내 주파하세요.)

1차 : 초	2차 : 초	3차 : 초	4차 : 초	5차 : 초
6차 : 초	7차 : 초	8차 : 초	9차 : 초	10차 : 초

Ⅰ. 속독법의 이해와 속독 기본 훈련

The Super Speed Reading

집중력 향상을 위한 미로찾기(2)

*필기구는 절대로 사용하지 말고 눈으로만 미로를 따라 이동하세요.
*준비! 하면 출발 화살표를 보고 있다가 시작과 동시에 이동하세요.

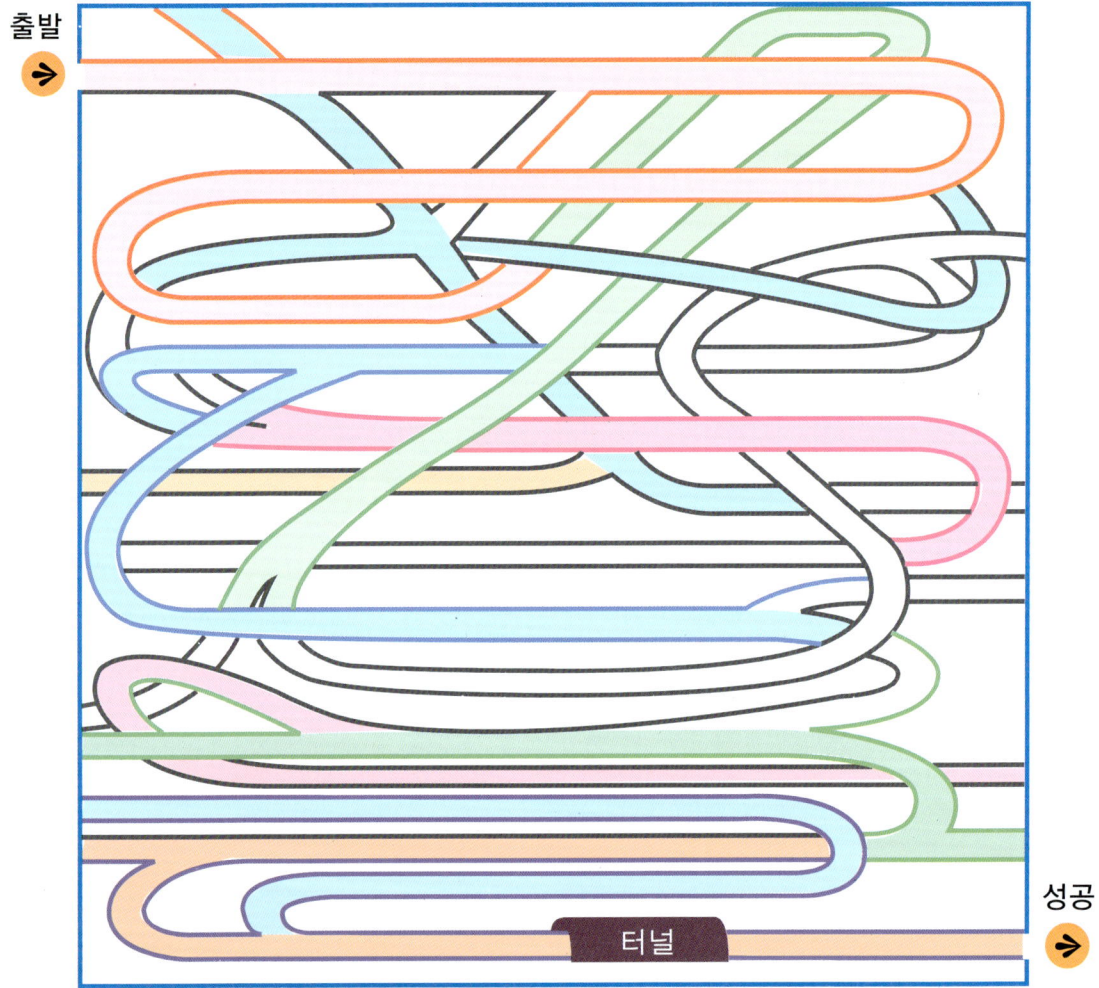

소요 시간 기록표 (소요 시간 : 10초 내 주파하세요.)

1차 : 초	2차 : 초	3차 : 초	4차 : 초	5차 : 초
6차 : 초	7차 : 초	8차 : 초	9차 : 초	10차 : 초

집중력 향상을 위한 미로찾기(3)

* 필기구는 절대로 사용하지 말고 눈으로만 미로를 따라 이동하세요.
* 준비! 하면 출발 화살표를 보고 있다가 시작과 동시에 이동하세요.

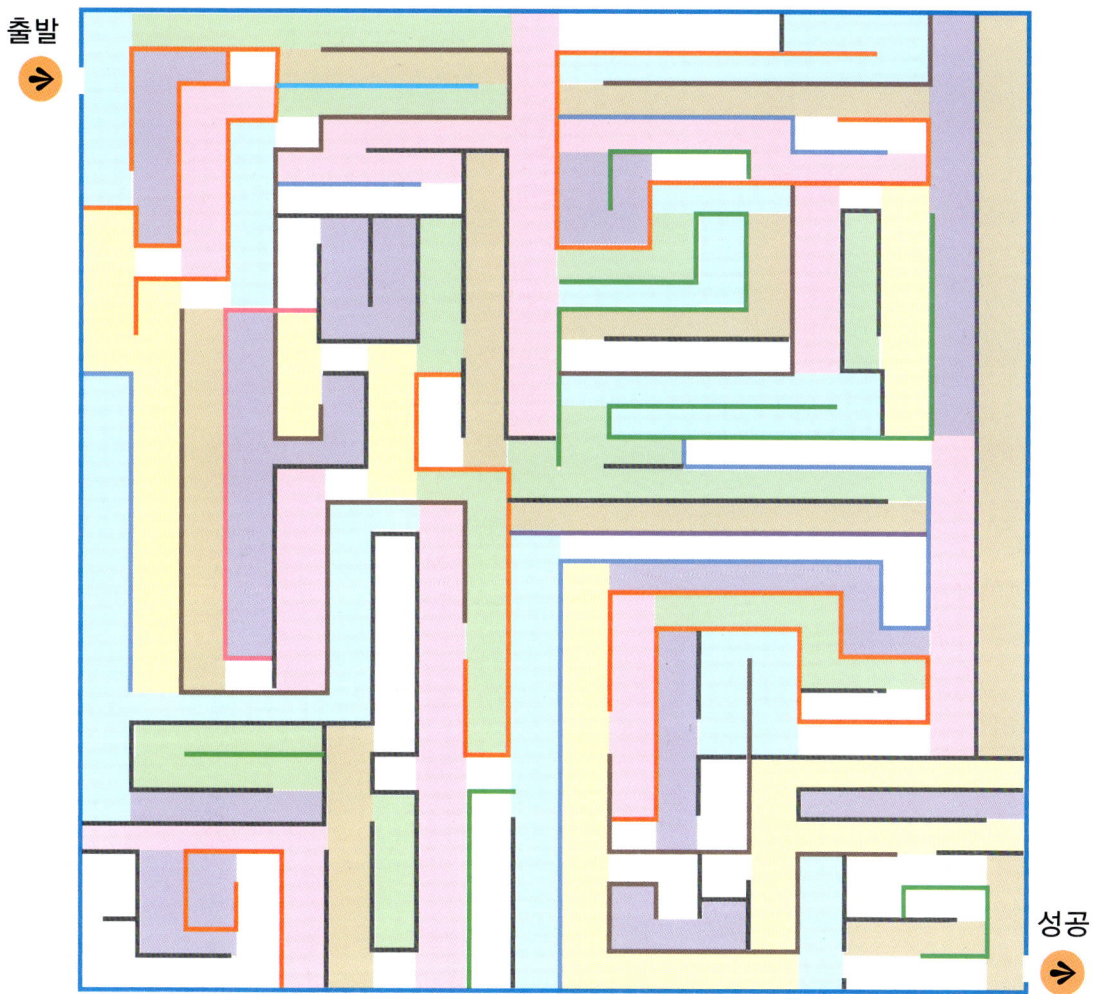

소요 시간 기록표 (소요 시간 : 20초 내 주파하세요.)

1차 : 초	2차 : 초	3차 : 초	4차 : 초	5차 : 초
6차 : 초	7차 : 초	8차 : 초	9차 : 초	10차 : 초

I. 속독법의 이해와 속독 기본 훈련

The Super Speed Reading

■ 훈련 기록표

💧 기록이 향상되도록 매회 소요 시간을 꼭 적으세요.

1차 : 초	2차 : 초	3차 : 초
4차 : 초	5차 : 초	6차 : 초
7차 : 초	8차 : 초	9차 : 초
10차 : 초	11차 : 초	12차 : 초
13차 : 초	14차 : 초	15차 : 초
16차 : 초	17차 : 초	18차 : 초
19차 : 초	20차 : 초	21차 : 초
22차 : 초	23차 : 초	24차 : 초
25차 : 초	26차 : 초	27차 : 초
28차 : 초	29차 : 초	30차 : 초

II

숫자·기호·글자 인지 훈련

- 스캐닝 기법
- 숫자 인지 능력 십 단위 훈련표
- 기호 글자 인지 시야 확대 중급 단계 기본 훈련

스캐닝(scanning) 기법

속독법에서 주사(走査)는 달리면서 조사한다는 뜻으로 자료를 빨리 훑어보면서 필요한 정보를 찾아 내는 것으로 도로에서 간판을 보고 상호를 찾거나 전화번호부에서 숫자나 이름을 찾는 등 특정 정보를 발췌하는 것을 말합니다.

필요한 단어를 사전에서 찾는 것과 같이 신문이나 잡지에서 핵심 정보를 찾아 읽는 것을 말합니다.

숫자 인지 능력 훈련표의 설명

1. 시점을 중심에 위치한다.
2. 머리를 움직이지 않은 상태에서 훈련을 한다.
3. 안구를 좌에서 우로 이동하는 순간 같은 숫자를 인지한다.
4. 다시 안구를 우에서 좌로 이동하는 순간 숫자를 인지한다.
5. 같은 방법으로 인지하면서 아래로 신속히 내려간다.
6. 소요 시간은 30초 내 주파하여야 한다.
7. 매회 기록이 단축되도록 소요시간을 기록한다.

훈련 효과

집중력이 향상됩니다.
사고력이 발달됩니다.
인지 능력이 향상됩니다.
인내심이 강화됩니다.

The Super Speed Reading

숫자 인지(認知) 능력 십 단위 훈련표 ❶

> **훈련 방법**
> 1. 한 줄에서 같은 숫자를 한 개씩 빨리 인지하세요.
> 2. 좌측의 숫자를 먼저 인지하고 그 줄의 글자로 된 숫자를 인지한다.
> 3. 다시 아래 우측의 숫자를 인지하고 그 줄의 글자로 된 숫자를 인지하면서 아래로 내려가면 됩니다.
>   [소요 시간: 30초 내 주파]

← 시점 →

사팔 → 삼육 팔칠 일공 구사 이구 사팔 이오 이일 팔오 삼일 팔구 육칠
       오삼 구삼 육이 이삼 일팔 구삼 사칠 공팔 육일 오이 사삼 구이 ← 육이

삼사 → 공일 육일 공이 사공 이육 일삼 사오 일공 오구 삼사 공칠 공팔
       삼육 칠오 사이 구공 삼팔 칠구 사공 오구 사칠 공팔 오일 삼이 ← 사이

구칠 → 육일 오이 칠구 이삼 이구 삼이 칠팔 공삼 사삼 구칠 삼이 공오
       구육 육사 구칠 이오 일팔 삼오 사칠 공팔 육일 공이 사칠 구이 ← 육사

사구 → 삼팔 칠구 이공 오삼 칠오 구삼 이구 이일 사팔 삼삼 팔삼 사구
       일팔 오삼 육사 구이 공팔 팔칠 오일 공오 칠삼 팔사 구칠 오삼 ← 구이

이사 → 이오 삼팔 칠구 이구 사삼 육구 이일 팔사 구일 오삼 팔오 이사
       일공 오삼 사칠 육오 구삼 이구 오이 칠구 이이 일팔 팔육 일오 ← 오삼

칠오 → 칠공 오육 일이 일구 오삼 사칠 공이 사구 팔육 삼육 칠오 일공
       칠구 사이 오칠 삼이 팔칠 구칠 공팔 육구 삼사 구이 일팔 오사 ← 삼이

이삼 → 사칠 구칠 오삼 팔이 칠오 삼사 일구 칠삼 이삼 육사 팔칠 구삼
       이공 오구 삼이 육이 구오 구사 공칠 오삼 육구 팔칠 구삼 일공 ← 오구

구칠 → 육팔 삼오 사사 팔칠 오일 공칠 이팔 칠사 이삼 팔사 구칠 팔육
       이사 공구 삼이 육이 구이 공육 이구 이일 팔육 오삼 칠팔 오삼 ← 육이

삼이 → 삼칠 오삼 팔칠 구공 이공 오구 사칠 공팔 육일 팔사 칠삼 삼이
       사칠 공팔 오삼 이칠 공육 공오 구팔 칠구 삼이 구사 오팔 공오 ← 오삼

구육 → 이공 팔삼 육이 팔칠 사칠 공오 구삼 이구 삼이 일팔 구육 일공
       육일 칠사 공이 일오 오팔 칠일 공이 구삼 이구 이일 육사 구육 ← 칠사

The Super Speed Reading

■ 집중력 & 십 단위 숫자 인지 능력을 위한 훈련 기록표

 기록이 향상되도록 매회 소요 시간을 꼭 적으세요.

1차 : 초	2차 : 초	3차 : 초
4차 : 초	5차 : 초	6차 : 초
7차 : 초	8차 : 초	9차 : 초
10차 : 초	11차 : 초	12차 : 초
13차 : 초	14차 : 초	15차 : 초
16차 : 초	17차 : 초	18차 : 초
19차 : 초	20차 : 초	21차 : 초
22차 : 초	23차 : 초	24차 : 초
25차 : 초	26차 : 초	27차 : 초
28차 : 초	29차 : 초	30차 : 초

The Super Speed Reading

숫자 인지(認知) 능력 십 단위 훈련표 ❷

> **훈련 방법**
> 1. 한 줄에서 같은 숫자를 한 개씩 빨리 인지하세요.
> 2. 좌측의 숫자 두자를 먼저 인지하고 그 줄의 글자로 된 숫자를 인지한다.
> 3. 다시 아래 우측의 숫자를 인지하고 그 줄의 글자로 된 숫자를 인지하면서 아래로 내려가면 됩니다.
>   [소요 시간: 30초 내 주파]

← 시점 →

삼일 → 삼육 팔칠 일공 구사 이구 사팔 이오 이일 팔오 삼일 팔구 육칠
　　　오삼 구삼 육이 이삼 일팔 구삼 사칠 공팔 육일 오이 사삼 구이 ← 육이

공칠 → 공일 육일공이 사공 이육 일삼 사오 일공 오구 삼사 공칠 공팔
　　　삼육 칠오 사이 구공 삼팔 칠구 사공 오구 사칠 공팔 오일 삼이 ← 삼팔

칠팔 → 육일 오이 칠구 이삼 이구 삼이 칠팔 공삼 사삼 구칠 삼이 공오
　　　구육 육사 구칠 이오 일팔 삼오 사칠 공팔 육일 공이 사칠 구이 ← 육사

사구 → 삼팔 칠구 이공 오삼 칠오 구삼 이구 이일 사팔 삼삼 팔삼 사구
　　　일팔 오삼 육사 구이 공팔 팔칠 오일 공오 칠삼 팔사 구칠 오삼 ← 구이

팔사 → 이오 삼팔 칠구 이구 사삼 육구 이일 팔사 구일 오삼 팔오 이사
　　　일공 오삼 사칠 육오 구삼 이구 오이 칠구 이이 일팔 팔육 일오 ← 오이

삼육 → 칠공 오육 일이 일구 오삼 사칠 공이 사구 팔육 삼육 칠오 일공
　　　칠구 사이 오칠 삼이 팔칠 구칠 공팔 육구 삼이 구이 일팔 오사 ← 구칠

팔칠 → 사칠 구칠 오삼 팔이 칠오 삼사 일구 칠삼 이삼 육사 팔칠 구삼
　　　이공 오구 삼이 육이 구오 구사 공칠 오삼 육구 팔칠 구삼 일공 ← 육이

이삼 → 육팔 삼오 사사 구칠 오일 공칠 이팔 칠사 이삼 팔사 구칠 팔육
　　　이사 공구 삼이 육이 구이 공육 이구 이일 팔육 오삼 칠팔 오삼 ← 공육

이공 → 삼칠 오삼 팔칠 구공 이공 오구 사칠 공팔 육일 팔사 칠삼 삼이
　　　사칠 공팔 오삼 이칠 공육 공오 구팔 칠구 삼이 구사 오팔 공오 ← 사칠

이구 → 이공 팔삼 육이 팔칠 사칠 공오 구삼 이구 삼이 일팔 구육 일공
　　　육일 칠사 공이 이일 오팔 칠일 공이 구삼 이구 일오 육사 구육 ← 이일

■ 집중력 & 십 단위 숫자 인지 능력을 위한 훈련 기록표

기록이 향상되도록
매회 소요 시간을 꼭 적으세요.

1차 : 초	2차 : 초	3차 : 초
4차 : 초	5차 : 초	6차 : 초
7차 : 초	8차 : 초	9차 : 초
10차 : 초	11차 : 초	12차 : 초
13차 : 초	14차 : 초	15차 : 초
16차 : 초	17차 : 초	18차 : 초
19차 : 초	20차 : 초	21차 : 초
22차 : 초	23차 : 초	24차 : 초
25차 : 초	26차 : 초	27차 : 초
28차 : 초	29차 : 초	30차 : 초

■ 기호 글자 인지 시야 확대 [중급단계] 기본 훈련 ❶

- 책을 펼쳐서 한 쪽을 보고 최초의 주시점은 상단 중심에 위치하세요.
- 머리는 움직이지 않은 상태에서 좌(左)·우(右)의 기호를 인지하세요.
- 여러 개의 그림 기호를 기호 한 개 인지하는 속도로 빠르게 훈련하세요.
- 기호 한 개~아홉 개까지 아래로 이동하여 ①호~⑩호까지 반복 훈련하세요.
- 시간이 단축될 수 있도록 매번 소요 시간을 꼭 기록하세요.

■ 기호 글자 인지 시야 확대 　중급단계　 기본 훈련 ❷

- 책을 펼쳐서 한 쪽을 보고 최초의 주시점은 상단 중심에 위치하세요.
- 머리는 움직이지 않은 상태에서 좌(左)·우(右)의 기호를 인지하세요.
- 여러 개의 그림 기호를 기호 한 개 인지하는 속도로 빠르게 훈련하세요.
- 기호 한 개~아홉 개까지 아래로 이동하여 ①호~⑩호까지 반복 훈련하세요.
- 시간이 단축될 수 있도록 매번 소요 시간을 꼭 기록하세요.

■ 기호 글자 인지 시야 확대 중급단계 기본 훈련 ❸

- 책을 펼쳐서 한 쪽을 보고 최초의 주시점은 상단 중심에 위치하세요.
- 머리는 움직이지 않은 상태에서 좌(左)·우(右)의 기호를 인지하세요.
- 여러 개의 그림 기호를 기호 한 개 인지하는 속도로 빠르게 훈련하세요.
- 기호 한 개~아홉 개까지 아래로 이동하여 ①호~⑩호까지 반복 훈련하세요.
- 시간이 단축될 수 있도록 매번 소요 시간을 꼭 기록하세요.

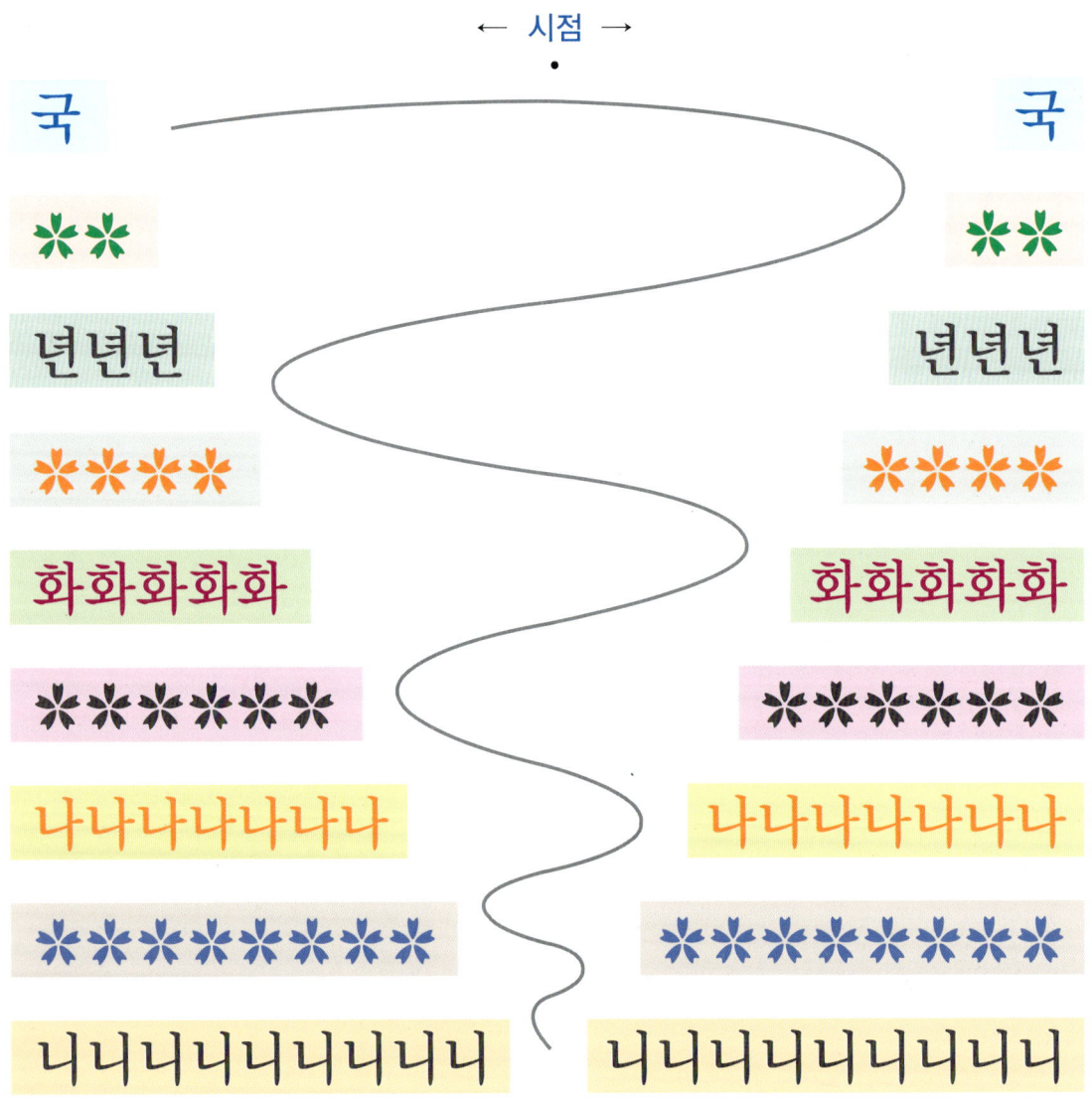

■ 기호 글자 인지 시야 확대 중급단계 기본 훈련 ④

- 책을 펼쳐서 한 쪽을 보고 최초의 주시점은 상단 중심에 위치하세요.
- 머리는 움직이지 않은 상태에서 좌(左)·우(右)의 기호를 인지하세요.
- 여러 개의 그림 기호를 기호 한 개 인지하는 속도로 빠르게 훈련하세요.
- 기호 한 개~아홉 개까지 아래로 이동하여 ①호~⑩호까지 반복 훈련하세요.
- 시간이 단축될 수 있도록 매번 소요 시간을 꼭 기록하세요.

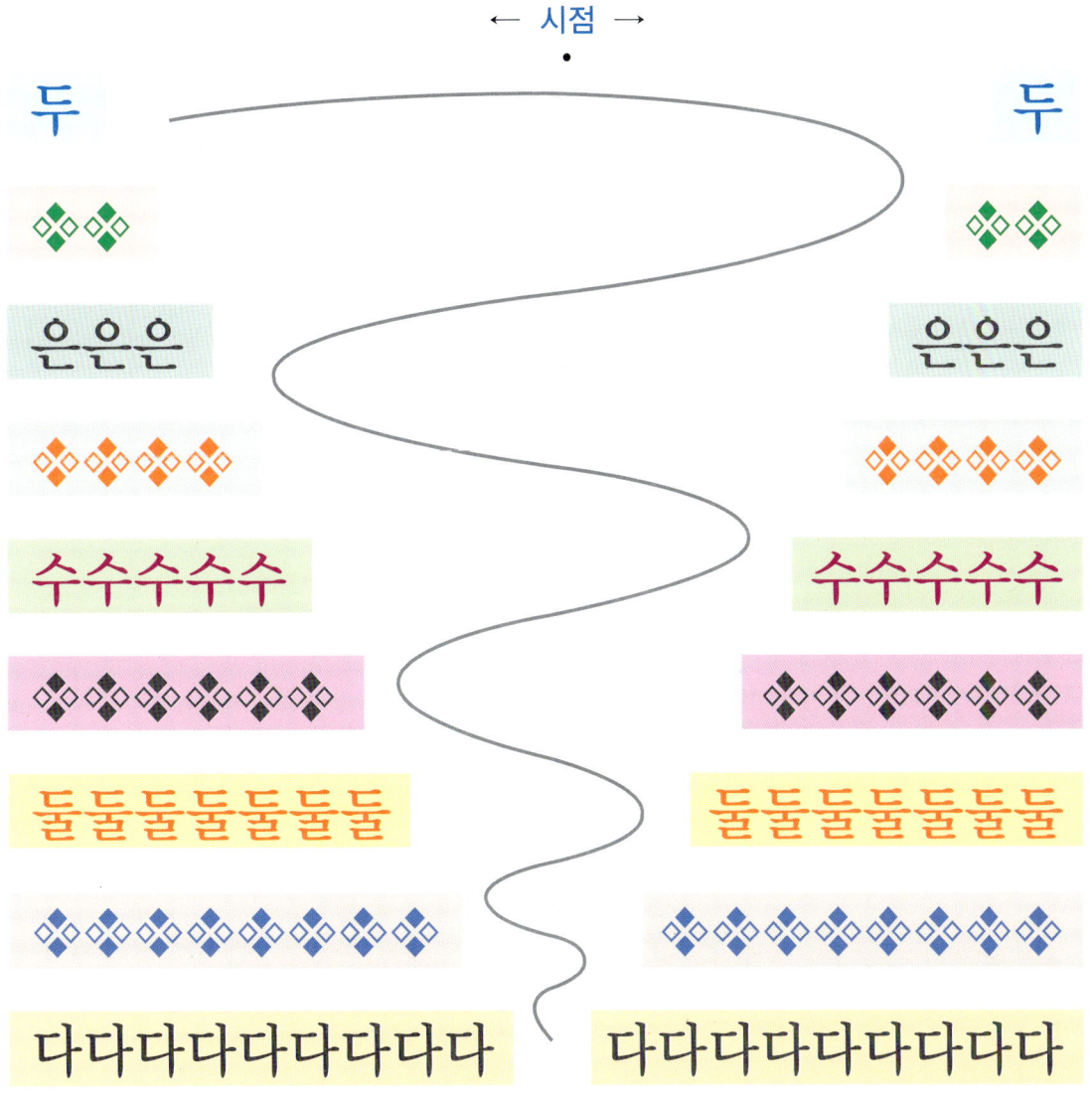

■ 기호 글자 인지 시야 확대 중급단계 기본 훈련 ⑤

- 책을 펼쳐서 한 쪽을 보고 최초의 주시점은 상단 중심에 위치하세요.
- 머리는 움직이지 않은 상태에서 좌(左)·우(右)의 기호를 인지하세요.
- 여러 개의 그림 기호를 기호 한 개 인지하는 속도로 빠르게 훈련하세요.
- 기호 한 개~아홉 개까지 아래로 이동하여 ①호~⑩호까지 반복 훈련하세요.
- 시간이 단축될 수 있도록 매번 소요 시간을 꼭 기록하세요.

■ 기호 글자 인지 시야 확대 중급단계 기본 훈련 ❻

- 책을 펼쳐서 한 쪽을 보고 최초의 주시점은 상단 중심에 위치하세요.
- 머리는 움직이지 않은 상태에서 좌(左)·우(右)의 기호를 인지하세요.
- 여러 개의 그림 기호를 기호 한 개 인지하는 속도로 빠르게 훈련하세요.
- 기호 한 개~아홉 개까지 아래로 이동하여 ①호~⑩호까지 반복 훈련하세요.
- 시간이 단축될 수 있도록 매번 소요 시간을 꼭 기록하세요.

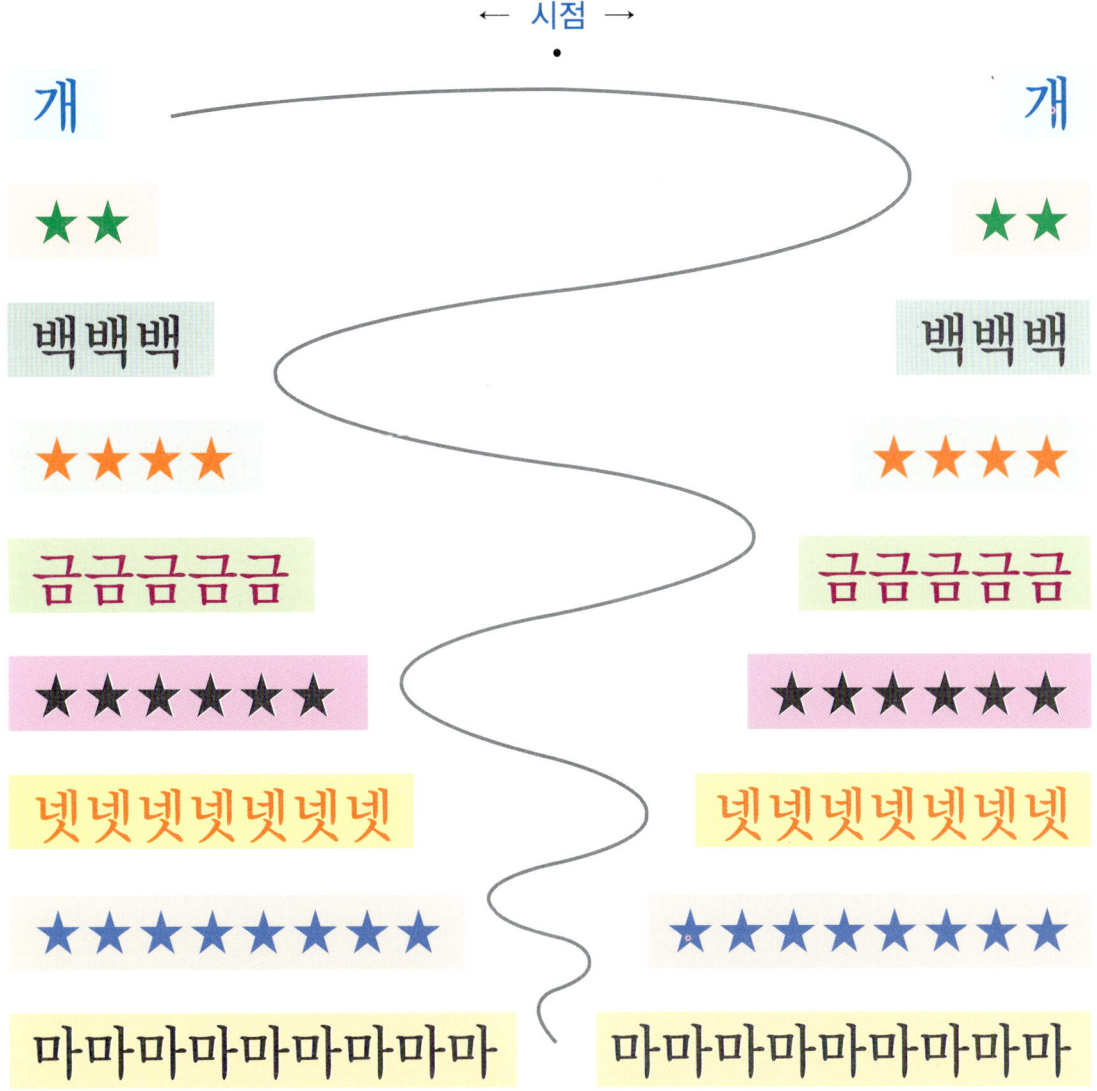

The Super Speed Reading

■ 기호 글자 인지 시야 확대 [중급단계] 기본 훈련 ❼

- 책을 펼쳐서 한 쪽을 보고 최초의 주시점은 상단 중심에 위치하세요.
- 머리는 움직이지 않은 상태에서 좌(左)·우(右)의 기호를 인지하세요.
- 여러 개의 그림 기호를 기호 한 개 인지하는 속도로 빠르게 훈련하세요.
- 기호 한 개~아홉 개까지 아래로 이동하여 ①호~⑩호까지 반복 훈련하세요.
- 시간이 단축될 수 있도록 매번 소요 시간을 꼭 기록하세요.

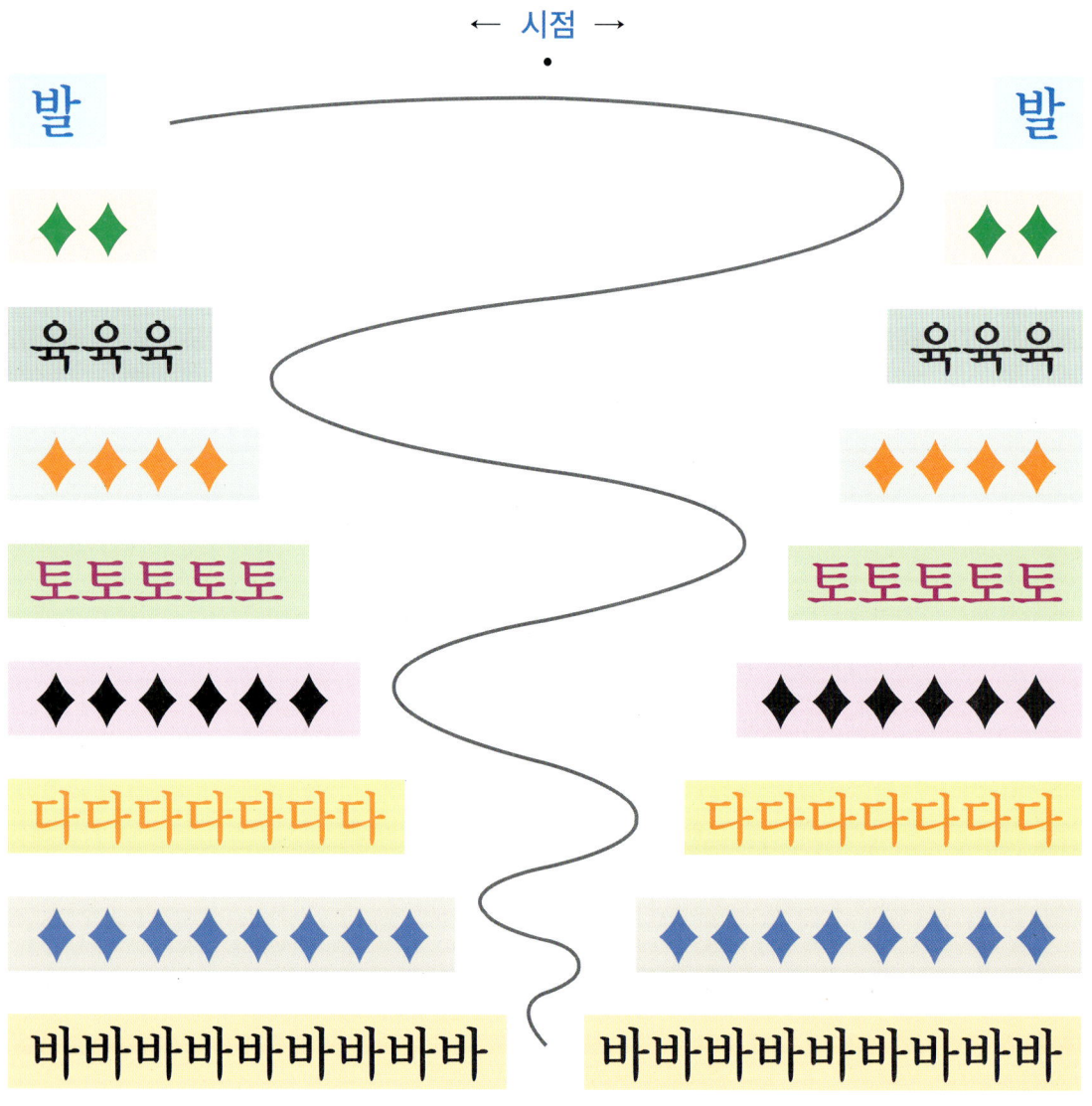

■ 기호 글자 인지 시야 확대 　중급단계　 기본 훈련 ❽

- 책을 펼쳐서 한 쪽을 보고 최초의 주시점은 상단 중심에 위치하세요.
- 머리는 움직이지 않은 상태에서 좌(左)·우(右)의 기호를 인지하세요.
- 여러 개의 그림 기호를 기호 한 개 인지하는 속도로 빠르게 훈련하세요.
- 기호 한 개~아홉 개까지 아래로 이동하여 ①호~⑩호까지 반복 훈련하세요.
- 시간이 단축될 수 있도록 매번 소요 시간을 꼭 기록하세요.

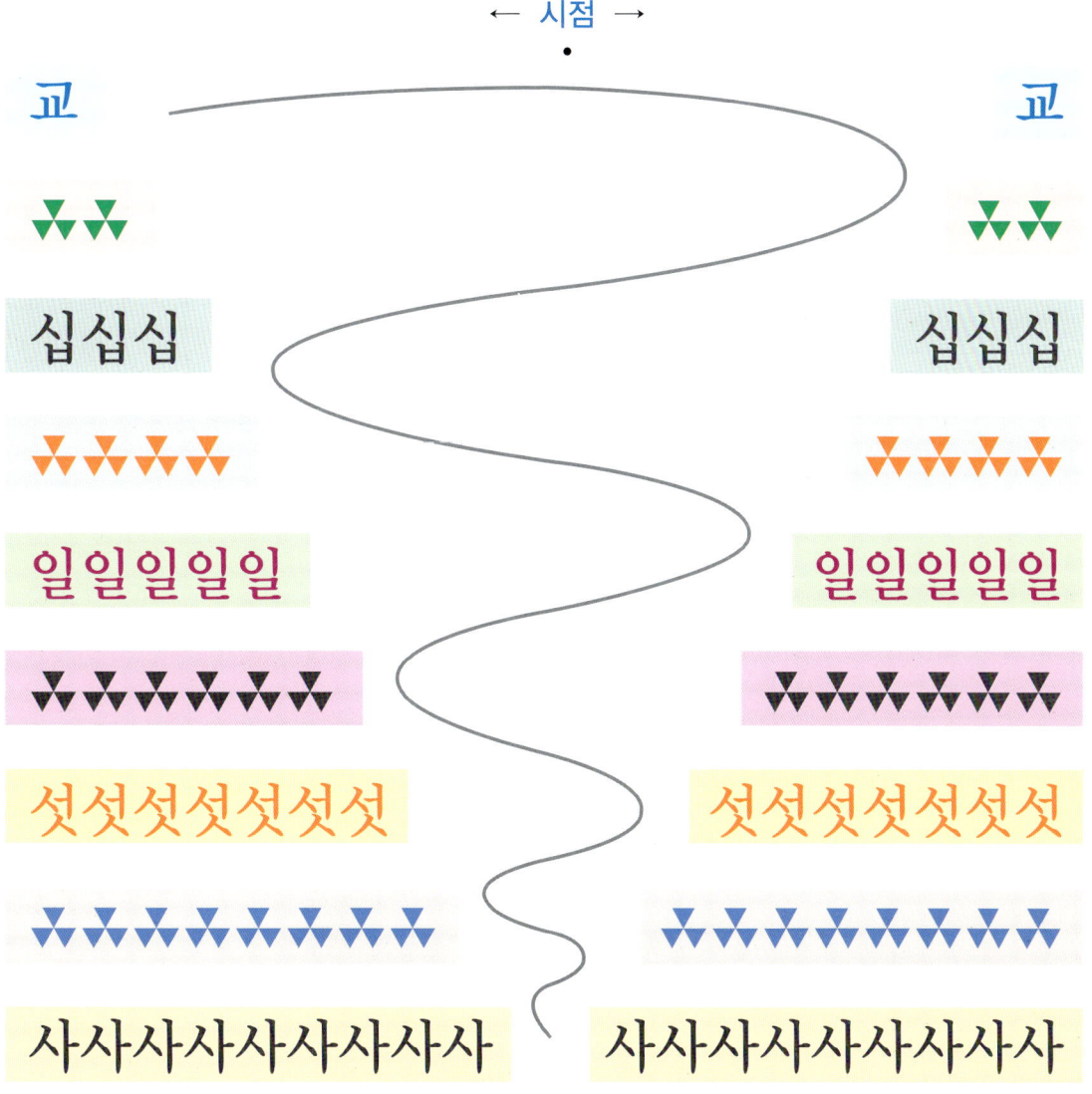

■ 기호 글자 인지 시야 확대 중급단계 기본 훈련 ⑨

- 책을 펼쳐서 한 쪽을 보고 최초의 주시점은 상단 중심에 위치하세요.
- 머리는 움직이지 않은 상태에서 좌(左)·우(右)의 기호를 인지하세요.
- 여러 개의 그림 기호를 기호 한 개 인지하는 속도로 빠르게 훈련하세요.
- 기호 한 개~아홉 개까지 아래로 이동하여 ①호~⑩호까지 반복 훈련하세요.
- 시간이 단축될 수 있도록 매번 소요 시간을 꼭 기록하세요.

■ 기호 글자 인지 시야 확대 중급단계 기본 훈련 ⑩

- 책을 펼쳐서 한 쪽을 보고 최초의 주시점은 상단 중심에 위치하세요.
- 머리는 움직이지 않은 상태에서 좌(左)·우(右)의 기호를 인지하세요.
- 여러 개의 그림 기호를 기호 한 개 인지하는 속도로 빠르게 훈련하세요.
- 기호 한 개~아홉 개까지 아래로 이동하여 ①호~⑩호까지 반복 훈련하세요.
- 시간이 단축될 수 있도록 매번 소요 시간을 꼭 기록하세요.

The Super Speed Reading

■ 시야 확대 & 기호 글자 인지 능력을 위한 훈련 기록표

기록이 향상되도록 매회 소요 시간을 꼭 적으세요.

1차 : 초	2차 : 초	3차 : 초
4차 : 초	5차 : 초	6차 : 초
7차 : 초	8차 : 초	9차 : 초
10차 : 초	11차 : 초	12차 : 초
13차 : 초	14차 : 초	15차 : 초
16차 : 초	17차 : 초	18차 : 초
19차 : 초	20차 : 초	21차 : 초
22차 : 초	23차 : 초	24차 : 초
25차 : 초	26차 : 초	27차 : 초
28차 : 초	29차 : 초	30차 : 초

두 글자 인지 훈련(중급)

　속독법에서 스캐닝(scanning)은 글의 내용을 함축하여 중요한 정보를 인지합니다. 인지된 내용을 기억하게 되고 글의 내용의 개요를 알면 글 전체의 윤곽이 나타나게 됩니다.

　즉, 글자를 보는 즉시 눈으로 들어오는 많은 정보들은 뇌를 통하여 분석하고 그 정보를 바탕으로 글 전체의 내용을 알 수 있게 되는 것입니다.

　본 훈련은 넓은 시야를 확보해 두고, 같은 단어만을 빠르게 인지하면서 이어나가되 그 단어가 문장의 주요 핵심 단어라 생각하면서 각 횡간의 단어들을 중첩해서 확인해야 합니다.

　그 외의 단어들은 주변 시야로 보면서 구별해 내는 능력이 필요합니다. 실전 책을 읽을 때 주요 핵심 낱말을 놓치지 않고 읽어야 하며, 이 훈련을 통하여 미리 연습하는 것이라 보면 되겠습니다.

　이 훈련 방법은 빠르게 한 번 줄거리나 내용을 파악하고 나서 필요한 부분만을 빨리 인식할 수 있는 능력을 갖추는 데 훈련 목적이 있습니다.

훈련 방법

① 시점을 중심에 두고 청색 바탕의 낱말 중 선생님이 제시한 단어를 주시합니다.
② 시작과 동시에 제시한 같은 단어만을 찾으면서 인지합니다.
③ 훈련 ①호~⑩호까지 초시계로 소요 시간을 측정합니다.
④ 이때 마음 속으로 개수를 세어가면서 훈련합니다.
⑤ 훈련 ⑩호까지 끝나면 개수가 맞는지 정답을 꼭 확인합니다.
⑥ 개수가 정확히 맞으면 소요 시간을 기록합니다.
⑦ 개수가 맞지 않으면 소요 시간을 기록하지 않습니다.
⑧ 점차적으로 기록이 향상되도록 열심히 훈련합니다.

The Super Speed Reading

빠른 속독을 위한 단어 인지 능력 향상 | 중급 단계

훈련 ❶호

* 스캐닝(scanning) 기법으로 선택된 같은 단어를 빨리 찾으세요.
* 청색 바탕의 글자 단어 하나를 먼저 정하여 보고 있다가 시작과 동시에 인지하세요.

← 시점 →

돼지	악어	고래
사슴	꽁치	
상어	딸기	사자
연필	포도	
기차	상장	수박
인삼	장미	
인형	참새	자두
나비	상어	
고래	오이	인삼
거울	사과	
우유	꽁치	악어
대추	연필	
거울	돼지	오이
사자	나비	
수박	참새	상장
악어	우유	
딸기	상어	장미

The Super Speed Reading

| 빠른 속독을 위한 단어 인지 능력 향상 | 중급 단계 |

훈련 ❷ 호

* 시점을 중심에 두고 주어진 같은 단어를 빠르게 인지하세요.
* 개수를 세어가면서 빠르게 인지하여 아래로 이동하세요.
* ❶호~❿호까지 소요 시간을 측정하고 개수가 맞는지 정답을 확인하세요.

← 시점 →

꽁치	오이	딸기
사과	상어	
참새	우유	대추
	고래	사슴
인삼	상장	나비
	기차	돼지
거울	사자	꽁치
	장미	포도
수박	악어	인삼
	딸기	자두
우유	연필	사과
	오이	참새
대추	고래	거울
	상어	사과
꽁치	장미	인삼
	나비	자두
돼지	사자	사슴

Ⅲ. 두 글자 인지 훈련

The Super Speed Reading

빠른 속독을 위한 단어 인지 능력 향상 — 중급 단계

훈련 ❸호

* 시점을 중심에 두고 주어진 같은 단어를 빠르게 인지한다.
* 개수를 세어가면서 빠르게 스캐닝 기법으로 아래로 이동한다.
* ❶호~❿호까지 소요 시간을 측정하고 개수가 맞는지 정답을 확인한다.

빠른 속독을 위한 단어 인지 능력 향상 — 중급 단계

훈련 ❹호

* 시점을 중심에 두고 주어진 같은 단어를 빠르게 인지하세요.
* 개수를 세어가면서 빠르게 인지하여 아래로 이동하세요.
* ❶호~❿호까지 소요 시간을 측정하고 개수가 맞는지 정답을 확인하세요.

← 시점 →

대추	상장	사슴
	오이	악어
딸기	꽁치	연필
	참새	사자
사과	포도	인삼
	기차	자도
나비	돼지	우유
	고래	수박
장미	상어	악어
	오이	거울
인삼	사자	딸기
	꽁치	나비
자두	상장	고래
	수박	참새
사슴	악어	기차
	우유	사과
고래	장미	포도

The Super Speed Reading

빠른 속독을 위한 단어 인지 능력 향상 — 중급 단계

훈련 ❺호

* 시점을 중심에 두고 주어진 같은 단어를 빠르게 인지한다.
* 개수를 세어가면서 빠르게 스캐닝 기법으로 아래로 이동한다.
* ❶호~❿호까지 소요 시간을 측정하고 개수가 맞는지 정답을 확인한다.

← 시점 →

빠른 속독을 위한 단어 인지 능력 향상 — 중급 단계

훈련 ❻호

* 시점을 중심에 두고 주어진 같은 단어를 빠르게 인지하세요.
* 개수를 세어가면서 빠르게 인지하여 아래로 이동하세요.
* ❶호~❿호까지 소요 시간을 측정하고 개수가 맞는지 정답을 확인하세요.

← 시점 →

딸기	사자	고래
	대추	거울
나비	사슴	인형
	상장	돼지
악어	상어	참새
	사자	오이
기차	연필	꽁치
	포도	인삼
우유	수박	사과
	자두	딸기
거울	상장	나비
	돼지	사슴
참새	연필	악어
	장미	포도
기차	우유	고래
	딸기	대추
꽁치	상어	상장

The Super Speed Reading

빠른 속독을 위한 단어 인지 능력 향상 | 중급 단계

훈련 ❼호

* 시점을 중심에 두고 주어진 같은 단어를 빠르게 인지한다.
* 개수를 세어가면서 빠르게 스캐닝 기법으로 아래로 이동한다.
* ❶호~❿호까지 소요 시간을 측정하고 개수가 맞는지 정답을 확인한다.

← 시점 →

장미	포도	연필
참새	수박	
상장	고래	거울
우유	사자	
대추	기차	사과
나비	상어	
인삼	자두	사슴
돼지	연필	
꽁치	딸기	대추
거울	악어	
사과	고래	자두
사자	포도	
수박	참새	인형
상어	우유	
사슴	기차	돼지
나비	장미	
연필	악어	사자

빠른 속독을 위한 단어 인지 능력 향상 — 중급 단계

훈련 ❽ 호

* 시점을 중심에 두고 주어진 같은 단어를 빠르게 인지하세요.
* 개수를 세어가면서 빠르게 인지하여 아래로 이동하세요.
* ❶호~❿호까지 소요 시간을 측정하고 개수가 맞는지 정답을 확인하세요.

← 시점 →

수박	꽁치	사자
	오이	자두
우유	딸기	인삼
	상어	사과
나비	사자	기차
	연필	상장
사슴	고래	돼지
	포도	꽁치
인삼	장미	참새
	오이	상어
참새	악어	우유
	돼지	사슴
사과	수박	나비
	고래	딸기
기차	포도	자두
	장미	돼지
상장	꽁치	연필

The Super Speed Reading

빠른 속독을 위한 단어 인지 능력 향상 — 중급 단계

훈련 ❾호

* 시점을 중심에 두고 주어진 같은 단어를 빠르게 인지한다.
* 개수를 세어가면서 빠르게 스캐닝 기법으로 아래로 이동한다.
* ❶호~❿호까지 소요 시간을 측정하고 개수가 맞는지 정답을 확인한다.

← 시점 →

연필	상장	인삼
참새	사슴	
사과	장미	인형
딸기	대추	
기차	포도	자두
나비	악어	
우유	돼지	거울
사자	수박	
대추	상어	오이
꽁치	장미	
상장	고래	참새
연필	기차	
오이	딸기	사과
악어	인삼	
거울	사슴	참새
우유	자두	
장미	포도	나비

빠른 속독을 위한 단어 인지 능력 향상 — 중급 단계

훈련 ❿호

* 시점을 중심에 두고 주어진 같은 단어를 빠르게 인지하세요.
* 개수를 세어가면서 빠르게 인지하여 아래로 이동하세요.
* ❶호~❿호까지 소요 시간을 측정하고 개수가 맞는지 정답을 확인하세요.

← 시점 →

사슴	상어	포도
기차	나비	
참새	수박	대추
상장	인삼	
자두	거울	오이
포도	사과	
사자	고래	수박
꽁치	사슴	
우유	연필	참새
장미	대추	
악어	기차	돼지
나비	상어	
오이	수박	거울
자두	포도	
사과	상장	우유
딸기	꽁치	
인삼	사슴	기차

The Super Speed Reading

인지 능력 향상을 위한 두 자 단어 훈련 기록표

실력이 향상되도록 매 회 개수가 맞을 경우에만 시간을 기록하세요.

단어명	1차	2차	3차	4차	5차	6차	7차
돼지	초	초	초	초	초	초	초
악어	초	초	초	초	초	초	초
고래	초	초	초	초	초	초	초
사슴	초	초	초	초	초	초	초
꽁치	초	초	초	초	초	초	초
상어	초	초	초	초	초	초	초
딸기	초	초	초	초	초	초	초
사자	초	초	초	초	초	초	초
연필	초	초	초	초	초	초	초
포도	초	초	초	초	초	초	초
기차	초	초	초	초	초	초	초
상장	초	초	초	초	초	초	초
수박	초	초	초	초	초	초	초
인삼	초	초	초	초	초	초	초
장미	초	초	초	초	초	초	초

Ⅳ 글자 인지 시야 확대 훈련

- 글자 인지 시야 확대 훈련 ①
- 글자 인지 시야 확대 훈련 ②
- 글자 인지 시야 확대 훈련 ③
- 글자 인지 시야 확대 훈련 ④
- 글자 인지 시야 확대 훈련 ⑤
- 글자 인지 시야 확대 훈련 ⑥
- 글자 인지 시야 확대 훈련 ⑦
- 글자 인지 시야 확대 훈련 ⑧
- 글자 인지 시야 확대 훈련 ⑨
- 글자 인지 시야 확대 훈련 ⑩
- 단어 인지 집중력 두뇌 테스트
- 두뇌 체조 글자 색 집중력 훈련

The Super Speed Reading

글자 인지 시야 확대 4글자~6글자 훈련 ①

* 시점은 책을 펼쳐서 두 쪽 중심의 제본선 상단에 위치하세요.
* 머리는 고정하고 안구를 움직여 좌(左)·우(右)의 글자를 인지하세요.

← 시

해바라기	←---④---④---④---④---④---
코스모스	←---④---④---④---④---④---
진달래꽃	←---④---④---④---④---④---

제주 서귀포	←---⑤---⑤---⑤---⑤---⑤
강릉 경포대	←---⑤---⑤---⑤---⑤---⑤
부산 해운대	←---⑤---⑤---⑤---⑤---⑤

기차와 자전거	←---⑥---⑥---⑥---⑥---
토끼와 거북이	←---⑥---⑥---⑥---⑥---
딸기와 바나나	←---⑥---⑥---⑥---⑥---

중급 기초 훈련

* 턱을 아래로 당긴 상태에서 훈련하세요.
* 글자 네 자~여섯 자까지 아래로 이동하여 ❶호~❿호까지 반복 훈련하세요.
* 시간이 단축될 수 있도록 매번 소요 시간을 꼭 기록하세요.

점 →

--④--④--④--④--④--→ 해바라기

--④--④--④--④--④--→ 코스모스

--④--④--④--④--④--→ 진달래꽃

⑤--⑤--⑤--⑤--⑤--→ 제주 서귀포

⑤--⑤--⑤--⑤--⑤--→ 강릉 경포대

⑤--⑤--⑤--⑤--⑤--→ 부산 해운대

--⑥--⑥--⑥--⑥--→ 기차와 자전거

--⑥--⑥--⑥--⑥--→ 토끼와 거북이

--⑥--⑥--⑥--⑥--→ 딸기와 바나나

The Super Speed Reading

글자 인지 시야 확대 4글자~6글자 훈련 ❷

* 시점은 책을 펼쳐서 두 쪽 중심의 제본선 상단에 위치하세요.
* 머리는 고정하고 안구를 움직여 좌(左)·우(右)의 글자를 인지하세요.

← 시

고래사냥 ←---④---④---④---④---④---
눈썰매장 ←---④---④---④---④---④---
유치원생 ←---④---④---④---④---④---

헌법 재판소 ←---⑤---⑤---⑤---⑤---⑤
대학원 졸업 ←---⑤---⑤---⑤---⑤---⑤
추리 상상력 ←---⑤---⑤---⑤---⑤---⑤

지키는 사람들 ←---⑥---⑥---⑥---⑥---
감독이 우승을 ←---⑥---⑥---⑥---⑥---
프로야구 열풍 ←---⑥---⑥---⑥---⑥---

The Super Speed Reading

중급 기초 훈련

* 턱을 아래로 당긴 상태에서 훈련하세요.
* 글자 네 자~여섯 자까지 아래로 이동하여 ❶호~❿호까지 반복 훈련하세요.
* 시간이 단축될 수 있도록 매번 소요 시간을 꼭 기록하세요.

점 →

--④--④--④--④--④--→   고래사냥
--④--④--④--④--④--→   눈썰매장
--④--④--④--④--④--→   유치원생

⑤--⑤--⑤--⑤--⑤--→   헌법 재판소
⑤--⑤--⑤--⑤--⑤--→   대학원 졸업
⑤--⑤--⑤--⑤--⑤--→   추리 상상력

--⑥--⑥--⑥--⑥--→   지키는 사람들
--⑥--⑥--⑥--⑥--→   감독이 우승을
--⑥--⑥--⑥--⑥--→   프로야구 열풍

The Super Speed Reading

글자 인지 시야 확대 [4글자~6글자] 훈련 ❸

* 시점은 책을 펼쳐서 두 쪽 중심의 제본선 상단에 위치하세요.
* 머리는 고정하고 안구를 움직여 좌(左)·우(右)의 글자를 인지하세요.

← 시

척척박사 ←---④--④--④--④--④--

모래시계 ←---④--④--④--④--④--

꼭두각시 ←---④--④--④--④--④--

비탈길 따라 ←---⑤--⑤--⑤--⑤--⑤

물갈아주기 ←---⑤--⑤--⑤--⑤--⑤

열린 음악회 ←---⑤--⑤--⑤--⑤--⑤

전문인력 채용 ←---⑥--⑥--⑥--⑥--

경력사원 우대 ←---⑥--⑥--⑥--⑥--

등산하기 좋다 ←---⑥--⑥--⑥--⑥--

The Super Speed Reading

중급 기초 훈련

* 턱을 아래로 당긴 상태에서 훈련하세요.
* 글자 네 자~여섯 자까지 아래로 이동하여 ❶호~❿호까지 반복 훈련하세요.
* 시간이 단축될 수 있도록 매번 소요 시간을 꼭 기록하세요.

점 →

--④--④--④--④--④--→ 척척박사

--④--④--④--④--④--→ 모래시계

--④--④--④--④--④--→ 꼭두각시

⑤--⑤--⑤--⑤--⑤--→ 제주 서귀포

⑤--⑤--⑤--⑤--⑤--→ 물갈아주기

⑤--⑤--⑤--⑤--⑤--→ 열린 음악회

--⑥--⑥--⑥--⑥--→ 전문인력 채용

--⑥--⑥--⑥--⑥--→ 경력사원 우대

--⑥--⑥--⑥--⑥--→ 등산하기 좋다

The Super Speed Reading

글자 인지 시야 확대 [4글자~6글자] 훈련 ❹

* 시점은 책을 펼쳐서 두 쪽 중심의 제본선 상단에 위치하세요.
* 머리는 고정하고 안구를 움직여 좌(左)·우(右)의 글자를 인지하세요.

← 시

봉사활동	←--④--④--④--④--④--
잔치국수	←--④--④--④--④--④--
미풍양속	←--④--④--④--④--④--

청동기 시대	←--⑤--⑤--⑤--⑤--⑤
구석 구석에	←--⑤--⑤--⑤--⑤--⑤
연극 동아리	←--⑤--⑤--⑤--⑤--⑤

매우 우수하다	←--⑥--⑥--⑥--⑥--
통산 최다 홈런	←--⑥--⑥--⑥--⑥--
세월이 약이다	←--⑥--⑥--⑥--⑥--

The Super Speed Reading

* 턱을 아래로 당긴 상태에서 훈련하세요.
* 글자 네 자~여섯 자까지 아래로 이동하여 ❶호~❿호까지 반복 훈련하세요.
* 시간이 단축될 수 있도록 매번 소요 시간을 꼭 기록하세요.

중급 기초 훈련

점 →

--④--④--④--④--④--→ 봉사활동
--④--④--④--④--④--→ 잔치국수
--④--④--④--④--④--→ 미풍양속

⑤--⑤--⑤--⑤--⑤--→ 청동기 시대
⑤--⑤--⑤--⑤--⑤--→ 구석 구석에
⑤--⑤--⑤--⑤--⑤--→ 연극 동아리

--⑥--⑥--⑥--⑥--→ 매우 우수하다
--⑥--⑥--⑥--⑥--→ 통산 최다 홈런
--⑥--⑥--⑥--⑥--→ 세월이 약이다

Ⅳ. 글자 인지 시야 확대 훈련

The Super Speed Reading

글자 인지 시야 확대 [4글자~6글자] 훈련 ⑤

* 시점은 책을 펼쳐서 두 쪽 중심의 제본선 상단에 위치하세요.
* 머리는 고정하고 안구를 움직여 좌(左)·우(右)의 글자를 인지하세요.

← 시

천재교육	←――④――④――④――④――④――
손해배상	←――④――④――④――④――④――
소화불량	←――④――④――④――④――④――

충분한 휴식	←――⑤――⑤――⑤――⑤――⑤
오늘 이 시간	←――⑤――⑤――⑤――⑤――⑤
공동체 생활	←――⑤――⑤――⑤――⑤――⑤

지휘봉을 쥐고	←――⑥――⑥――⑥――⑥――
정보통신 분야	←――⑥――⑥――⑥――⑥――
확산시킨 요인	←――⑥――⑥――⑥――⑥――

* 턱을 아래로 당긴 상태에서 훈련하세요.
* 글자 네 자~여섯 자까지 아래로 이동하여 ❶호~❿호까지 반복 훈련하세요.
* 시간이 단축될 수 있도록 매번 소요 시간을 꼭 기록하세요.

중급 기초 훈련

점 →

──④──④──④──④──④──→ 천재교육

──④──④──④──④──④──→ 손해배상

──④──④──④──④──④──→ 소화불량

⑤──⑤──⑤──⑤──⑤──→ 충분한 휴식

⑤──⑤──⑤──⑤──⑤──→ 오늘 이 시간

⑤──⑤──⑤──⑤──⑤──→ 공동체 생활

──⑥──⑥──⑥──⑥──→ 지휘봉을 쥐고

──⑥──⑥──⑥──⑥──→ 정보통신 분야

──⑥──⑥──⑥──⑥──→ 확산시킨 요인

The Super Speed Reading

글자 인지 시야 확대 [4글자~6글자] 훈련 ❻

* 시점은 책을 펼쳐서 두 쪽 중심의 제본선 상단에 위치하세요.
* 머리는 고정하고 안구를 움직여 좌(左)·우(右)의 글자를 인지하세요.

← 시

사법고시	←--④--④--④--④--④--
오줌싸개	←--④--④--④--④--④--
떡방앗간	←--④--④--④--④--④--

올라가면서	←--⑤--⑤--⑤--⑤--⑤
전세계 여행	←--⑤--⑤--⑤--⑤--⑤
달리기 선수	←--⑤--⑤--⑤--⑤--⑤

고객에게 양보	←--⑥--⑥--⑥--⑥--
국내 기술이다	←--⑥--⑥--⑥--⑥--
다양한 조리법	←--⑥--⑥--⑥--⑥--

The Super Speed Reading

* 턱을 아래로 당긴 상태에서 훈련하세요.
* 글자 네 자~여섯 자까지 아래로 이동하여 ❶호~❿호까지 반복 훈련하세요.
* 시간이 단축될 수 있도록 매번 소요 시간을 꼭 기록하세요.

중급 기초 훈련

점 →

──④──④──④──④──④──→ 사법고시

──④──④──④──④──④──→ 오줌싸개

──④──④──④──④──④──→ 떡방앗간

⑤──⑤──⑤──⑤──⑤──→ 올라가면서

⑤──⑤──⑤──⑤──⑤──→ 전세계 여행

⑤──⑤──⑤──⑤──⑤──→ 달리기 선수

──⑥──⑥──⑥──⑥──→ 고객에게 양보

──⑥──⑥──⑥──⑥──→ 국내 기술이다

──⑥──⑥──⑥──⑥──→ 다양한 조리법

Ⅳ. 글자 인지 시야 확대 훈련

The Super Speed Reading

글자 인지 시야 확대 [4글자~6글자] 훈련 ❼

* 시점은 책을 펼쳐서 두 쪽 중심의 제본선 상단에 위치하세요.
* 머리는 고정하고 안구를 움직여 좌(左)·우(右)의 글자를 인지하세요.

← 시

속독시간	←---④--④--④--④--④--
달맞이꽃	←---④--④--④--④--④--
포도나무	←---④--④--④--④--④--
잘생긴 사람	←---⑤--⑤--⑤--⑤--⑤
어린 아이들	←---⑤--⑤--⑤--⑤--⑤
건강한 하루	←---⑤--⑤--⑤--⑤--⑤
서울 시립병원	←---⑥--⑥--⑥--⑥--
향토문화 탐방	←---⑥--⑥--⑥--⑥--
미인 선발대회	←---⑥--⑥--⑥--⑥--

The Super Speed Reading

중급 기초 훈련

* 턱을 아래로 당긴 상태에서 훈련하세요.
* 글자 네 자~여섯 자까지 아래로 이동하여 ❶호~❿호까지 반복 훈련하세요.
* 시간이 단축될 수 있도록 매번 소요 시간을 꼭 기록하세요.

점 →

--④--④--④--④--④--→ 속독시간

--④--④--④--④--④--→ 달맞이꽃

--④--④--④--④--④--→ 포도나무

⑤--⑤--⑤--⑤--⑤--→ 잘생긴 사람

⑤--⑤--⑤--⑤--⑤--→ 어린 아이들

⑤--⑤--⑤--⑤--⑤--→ 건강한 하루

--⑥--⑥--⑥--⑥--→ 서울 시립병원

--⑥--⑥--⑥--⑥--→ 향토문화 탐방

--⑥--⑥--⑥--⑥--→ 미인 선발대회

The Super Speed Reading

글자 인지 시야 확대 4글자~6글자 훈련 ❽

* 시점은 책을 펼쳐서 두 쪽 중심의 제본선 상단에 위치하세요.
* 머리는 고정하고 안구를 움직여 좌(左)·우(右)의 글자를 인지하세요.

← 시

고속도로	←--④--④--④--④--④--
산전수전	←--④--④--④--④--④--
문화시민	←--④--④--④--④--④--

사용 설명서	←--⑤--⑤--⑤--⑤--⑤
부모님 공경	←--⑤--⑤--⑤--⑤--⑤
성웅 이순신	←--⑤--⑤--⑤--⑤--⑤

한국 방송공사	←--⑥--⑥--⑥--⑥--
시청앞 분수대	←--⑥--⑥--⑥--⑥--
경주 불국사에	←--⑥--⑥--⑥--⑥--

The Super Speed Reading

* 턱을 아래로 당긴 상태에서 훈련하세요.
* 글자 네 자~여섯 자까지 아래로 이동하여 ❶호~❿호까지 반복 훈련하세요.
* 시간이 단축될 수 있도록 매번 소요 시간을 꼭 기록하세요.

중급 기초 훈련

점 →

──④──④──④──④──④──→ 고속도로
──④──④──④──④──④──→ 산전수전
──④──④──④──④──④──→ 문화시민

⑤──⑤──⑤──⑤──⑤──→ 사용 설명서
⑤──⑤──⑤──⑤──⑤──→ 부모님 공경
⑤──⑤──⑤──⑤──⑤──→ 성웅 이순신

──⑥──⑥──⑥──⑥──→ 한국 방송공사
──⑥──⑥──⑥──⑥──→ 시청앞 분수대
──⑥──⑥──⑥──⑥──→ 경주 불국사에

Ⅳ. 글자 인지 시야 확대 훈련

The Super Speed Reading

글자 인지 시야 확대 4글자~6글자 훈련 ❾

* 시점은 책을 펼쳐서 두 쪽 중심의 제본선 상단에 위치하세요.
* 머리는 고정하고 안구를 움직여 좌(左)·우(右)의 글자를 인지하세요.

← 시

두뇌개발	←---④--④--④--④--④---
소방대원	←---④--④--④--④--④---
국립공원	←---④--④--④--④--④---

일방적으로	←---⑤--⑤--⑤--⑤--⑤
쓰레기통에	←---⑤--⑤--⑤--⑤--⑤
꽃 한 다발을	←---⑤--⑤--⑤--⑤--⑤

아름다운 꽃을	←---⑥--⑥--⑥--⑥---
오늘도 무사히	←---⑥--⑥--⑥--⑥---
연날리기 대회	←---⑥--⑥--⑥--⑥---

* 턱을 아래로 당긴 상태에서 훈련하세요.
* 글자 네 자~여섯 자까지 아래로 이동하여 ❶호~❿호까지 반복 훈련하세요.
* 시간이 단축될 수 있도록 매번 소요 시간을 꼭 기록하세요.

중급 기초 훈련

점 →

──④──④──④──④──④──→ 두뇌개발
──④──④──④──④──④──→ 소방대원
──④──④──④──④──④──→ 국립공원

⑤──⑤──⑤──⑤──⑤──→ 일방적으로
⑤──⑤──⑤──⑤──⑤──→ 쓰레기통에
⑤──⑤──⑤──⑤──⑤──→ 꽃 한 다발을

──⑥──⑥──⑥──⑥──→ 아름다운 꽃을
──⑥──⑥──⑥──⑥──→ 오늘도 무사히
──⑥──⑥──⑥──⑥──→ 연날리기 대회

The Super Speed Reading

글자 인지 시야 확대 [4글자~6글자] 훈련 ⑩

* 시점은 책을 펼쳐서 두 쪽 중심의 제본선 상단에 위치하세요.
* 머리는 고정하고 안구를 움직여 좌(左)·우(右)의 글자를 인지하세요.

← 시

관광버스	←---④--④--④--④--④--
도토리묵	←---④--④--④--④--④--
네온 사인	←---④--④--④--④--④--

소비자는 왕	←---⑤--⑤--⑤--⑤--⑤
심사 위원회	←---⑤--⑤--⑤--⑤--⑤
가면 갈 수록	←---⑤--⑤--⑤--⑤--⑤

한국 관광공사	←---⑥--⑥--⑥--⑥--
영화상영 안내	←---⑥--⑥--⑥--⑥--
광화문 사거리	←---⑥--⑥--⑥--⑥--

The Super Speed Reading

중급 기초 훈련

* 턱을 아래로 당긴 상태에서 훈련하세요.
* 글자 네 자~여섯 자까지 아래로 이동하여 ❶호~❿호까지 반복 훈련하세요.
* 시간이 단축될 수 있도록 매번 소요 시간을 꼭 기록하세요.

점 →

--④--④--④--④--④--→ 관광버스

--④--④--④--④--④--→ 도토리묵

--④--④--④--④--④--→ 네온 사인

⑤--⑤--⑤--⑤--⑤--→ 소비자는 왕

⑤--⑤--⑤--⑤--⑤--→ 심사 위원회

⑤--⑤--⑤--⑤--⑤--→ 가면 갈 수록

--⑥--⑥--⑥--⑥--→ 한국 관광공사

--⑥--⑥--⑥--⑥--→ 영화상영 안내

--⑥--⑥--⑥--⑥--→ 광화문 사거리

■ 시야 확대 4글자~6글자 인지 훈련 기록표

기록이 향상되도록 매회 소요 시간을 꼭 적으세요.

1차 : 초	2차 : 초	3차 : 초
4차 : 초	5차 : 초	6차 : 초
7차 : 초	8차 : 초	9차 : 초
10차 : 초	11차 : 초	12차 : 초
13차 : 초	14차 : 초	15차 : 초
16차 : 초	17차 : 초	18차 : 초
19차 : 초	20차 : 초	21차 : 초
22차 : 초	23차 : 초	24차 : 초
25차 : 초	26차 : 초	27차 : 초
28차 : 초	29차 : 초	30차 : 초

The Super Speed Reading

집중력 두뇌 운동 테스트

글자 인지·색 훈련

Ⅳ. 글자 인지 시야 확대 훈련

The Super Speed Reading

>>> 단어 인지 집중력 두뇌 테스트   훈련 1호

- 선택된 단어 하나를 주시하고 있다가 시작과 동시에 인지하세요.
- 아래의 같은 단어를 (10초 이내) 인지하면서 개수를 세어서 기록하세요.
- 시점을 중심에 두고 한 줄씩 빠르게 인지하여 수직으로 이동하세요.
- 개수가 맞는지 다시 한번 천천히 확인하세요.

기러기 배 송아지

학교 할아버지 송아지 학교

기러기 학교 원숭이 비행기

비행기 기러기 낙타 속독 낙타

박 속독 송아지 원숭이 비행기 송아지 빵

빵 매미 비행기 고래 기러기 낙타 매미

비행기 기러기 매미 배 학교 기러기 소나무 코끼리

속독 원숭이 할아버지 기러기 비행기 송아지 매미

할아버지 속독 할아버지 속독 매미

박 원숭이 빵 비행기 할아버지 배

비행기 송아지 원숭이 곰 파란하늘

빵 속독 매미 학교 속독 박

원숭이 박 비행기

단어 인지 & 집중력 두뇌 테스트 기록표

 기록이 단축되도록 매회 단어의 개수와 소요 시간을 적으세요.

1차 : 개 초	2차 : 개 초	3차 : 개 초
4차 : 개 초	5차 : 개 초	6차 : 개 초
7차 : 개 초	8차 : 개 초	9차 : 개 초
10차 : 개 초	11차 : 개 초	12차 : 개 초
13차 : 개 초	14차 : 개 초	15차 : 개 초
16차 : 개 초	17차 : 개 초	18차 : 개 초
19차 : 개 초	20차 : 개 초	21차 : 개 초
22차 : 개 초	23차 : 개 초	24차 : 개 초
25차 : 개 초	26차 : 개 초	27차 : 개 초
28차 : 개 초	29차 : 개 초	30차 : 개 초

The Super Speed Reading

글자 색 [집중력 훈련] ①호

두뇌 체조

다음 글자의 색만 소리내어 읽으세요. [소요 시간은: 30초 내]
예 (파랑)이 글자는 초록으로 소리내어 읽으면 됩니다.
* 매회 소요 시간을 기록하여 단축 훈련하세요.

출발 →

빨강	노랑	검정	파랑	노랑
초록	빨강	파랑	빨강	검정
노랑	초록	노랑	초록	파랑
검정	빨강	빨강	노랑	초록
파랑	검정	노랑	파랑	검정
초록	빨강	검정	초록	빨강
파랑	노랑	파랑	검정	초록
빨강	노랑	노랑	파랑	초록
빨강	검정	초록	빨강	검정
노랑	파랑	파랑	검정	초록

종료 →

① 초	② 초	③ 초	④ 초	⑤ 초
⑥ 초	⑦ 초	⑧ 초	⑨ 초	⑩ 초

The Super Speed Reading

■ 스피드 & 집중력 향상을 위한 훈련 기록표

*기록이 향상되도록 매회 소요 시간을 꼭 적으세요.

1차 : 초	2차 : 초	3차 : 초
4차 : 초	5차 : 초	6차 : 초
7차 : 초	8차 : 초	9차 : 초
10차 : 초	11차 : 초	12차 : 초
13차 : 초	14차 : 초	15차 : 초
16차 : 초	17차 : 초	18차 : 초
19차 : 초	20차 : 초	21차 : 초
22차 : 초	23차 : 초	24차 : 초
25차 : 초	26차 : 초	27차 : 초
28차 : 초	29차 : 초	30차 : 초

The Super Speed Reading

■ 스피드 & 집중력 향상을 위한 훈련 기록표

*기록이 향상되도록 매회 소요 시간을 꼭 적으세요.

31차 : 초	32차 : 초	33차 : 초
34차 : 초	35차 : 초	36차 : 초
37차 : 초	38차 : 초	39차 : 초
40차 : 초	41차 : 초	42차 : 초
43차 : 초	44차 : 초	45차 : 초
46차 : 초	47차 : 초	48차 : 초
49차 : 초	50차 : 초	51차 : 초
52차 : 초	53차 : 초	54차 : 초
55차 : 초	56차 : 초	57차 : 초
58차 : 초	59차 : 초	60차 : 초

V

네 줄 글자 인지 훈련

4단계 : 네 줄 글자 인지 훈련 설명

1 시점을 중심에 두고 최대한 글자 기호를 명확히 보면서 좌·우의 진한 색 글자 기호를 순간 인지하면서 아래로 이동한다.

2 시야를 최대한 확보하고 빠른 눈의 움직임과 정확한 글자 인지 능력을 위하여 연속적으로 훈련하게 된다.

3 한 줄 인지 훈련부터 아홉 줄 인지 훈련까지는 단계별로 시야를 점점 확보하여 보다 넓은 시야를 가지고 있어야 한다.

4 실전 문장 훈련에 있어서 글자 군(群)을 형성하면서 마음의 느낌으로 읽어나가게 된다.

5 ①호~⑩호까지 다 이동하면 다시 ①호로 이어져 훈련하다가 1분이 되면 그 위치에 정지한다.

6 점차적으로 시야를 확대하여 넓혀나간다.

7 1분 단위로 훈련하고 글자 수를 꼭 기록한다.

4단계 네 줄 글자 기호 인지 훈련 ❶호

시점을 중심에 두고 좌(左)에서 우로, 우(右)에서 좌로 빠르게 이동하세요.

시점
← • →

가→가→가→가→가→가→가→가→가→가→가→가
나→나→나→나→나→나→나→나→나→나→나→나
다→다→다→다→다→다→다→다→다→다→다→다
라→라→라→라→라→라→라→라→라→라→라→라
48자

마←마←마←마←마←마←마←마←마←마←마←마
바←바←바←바←바←바←바←바←바←바←바←바
사←사←사←사←사←사←사←사←사←사←사←사
아←아←아←아←아←아←아←아←아←아←아←아
96자

자→자→자→자→자→자→자→자→자→자→자→자
차→차→차→차→차→차→차→차→차→차→차→차
카→카→카→카→카→카→카→카→카→카→카→카
타→타→타→타→타→타→타→타→타→타→타→타
114자

파←파←파←파←파←파←파←파←파←파←파←파
하←하←하←하←하←하←하←하←하←하←하←하
가←가←가←가←가←가←가←가←가←가←가←가
나←나←나←나←나←나←나←나←나←나←나←나
192자

The Super Speed Reading

4단계   네 줄 글자 기호 인지 훈련 ❷호

시점을 중심에 두고 좌(左)에서 우로, 우(右)에서 좌로 빠르게 이동하세요.

시점
← • →

가→가→가→가→가→가→가→가→가→가→가→가
나→나→나→나→나→나→나→나→나→나→나→나
다→다→다→다→다→다→다→다→다→다→다→다
라→라→라→라→라→라→라→라→라→라→라→라   240자

마←마←마←마←마←마←마←마←마←마←마←마
바←바←바←바←바←바←바←바←바←바←바←바
사←사←사←사←사←사←사←사←사←사←사←사
아←아←아←아←아←아←아←아←아←아←아←아   288자

자→자→자→자→자→자→자→자→자→자→자→자
차→차→차→차→차→차→차→차→차→차→차→차
카→카→카→카→카→카→카→카→카→카→카→카
타→타→타→타→타→타→타→타→타→타→타→타   336자

파←파←파←파←파←파←파←파←파←파←파←파
하←하←하←하←하←하←하←하←하←하←하←하
가←가←가←가←가←가←가←가←가←가←가←가
나←나←나←나←나←나←나←나←나←나←나←나   384자

4단계 네 줄 글자 기호 인지 훈련 ❸호

시점을 중심에 두고 좌(左)에서 우로, 우(右)에서 좌로 빠르게 이동하세요.

시점
← • →

가→가→가→가→가→가→가→가→가→가→가→가
나→나→나→나→나→나→나→나→나→나→나→나
다→다→다→다→다→다→다→다→다→다→다→다
라→라→라→라→라→라→라→라→라→라→라→라 432자

마←마←마←마←마←마←마←마←마←마←마←마
바←바←바←바←바←바←바←바←바←바←바←바
사←사←사←사←사←사←사←사←사←사←사←사
아←아←아←아←아←아←아←아←아←아←아←아 480자

자→자→자→자→자→자→자→자→자→자→자→자
차→차→차→차→차→차→차→차→차→차→차→차
카→카→카→카→카→카→카→카→카→카→카→카
타→타→타→타→타→타→타→타→타→타→타→타 528자

파←파←파←파←파←파←파←파←파←파←파←파
하←하←하←하←하←하←하←하←하←하←하←하
가←가←가←가←가←가←가←가←가←가←가←가
나←나←나←나←나←나←나←나←나←나←나←나 576자

The Super Speed Reading

4단계   네 줄 글자 기호 인지 훈련 ❹호

시점을 중심에 두고 좌(左)에서 우로, 우(右)에서 좌로 빠르게 이동하세요.

시점
← · →

가→가→가→가→가→가→가→가→가→가→가→가
나→나→나→나→나→나→나→나→나→나→나→나
다→다→다→다→다→다→다→다→다→다→다→다
라→라→라→라→라→라→라→라→라→라→라→라

624자

마←마←마←마←마←마←마←마←마←마←마←마
바←바←바←바←바←바←바←바←바←바←바←바
사←사←사←사←사←사←사←사←사←사←사←사
아←아←아←아←아←아←아←아←아←아←아←아

672자

자→자→자→자→자→자→자→자→자→자→자→자
차→차→차→차→차→차→차→차→차→차→차→차
카→카→카→카→카→카→카→카→카→카→카→카
타→타→타→타→타→타→타→타→타→타→타→타

720자

파←파←파←파←파←파←파←파←파←파←파←파
하←하←하←하←하←하←하←하←하←하←하←하
가←가←가←가←가←가←가←가←가←가←가←가
나←나←나←나←나←나←나←나←나←나←나←나

768자

4단계 네 줄 글자 기호 인지 훈련 ❺호

시점을 중심에 두고 좌(左)에서 우로, 우(右)에서 좌로 빠르게 이동하세요.

시점
← • →

가→가→가→가→가→가→가→가→가→가→가→가
나→나→나→나→나→나→나→나→나→나→나→나
다→다→다→다→다→다→다→다→다→다→다→다
라→라→라→라→라→라→라→라→라→라→라→라 816자

마←마←마←마←마←마←마←마←마←마←마←마
바←바←바←바←바←바←바←바←바←바←바←바
사←사←사←사←사←사←사←사←사←사←사←사
아←아←아←아←아←아←아←아←아←아←아←아 864자

자→자→자→자→자→자→자→자→자→자→자→자
차→차→차→차→차→차→차→차→차→차→차→차
카→카→카→카→카→카→카→카→카→카→카→카
타→타→타→타→타→타→타→타→타→타→타→타 912자

파←파←파←파←파←파←파←파←파←파←파←파
하←하←하←하←하←하←하←하←하←하←하←하
가←가←가←가←가←가←가←가←가←가←가←가
나←나←나←나←나←나←나←나←나←나←나←나 960자

The Super Speed Reading

4단계 네 줄 글자 기호 인지 훈련 ❻호

시점을 중심에 두고 좌(左)에서 우로, 우(右)에서 좌로 빠르게 이동하세요.

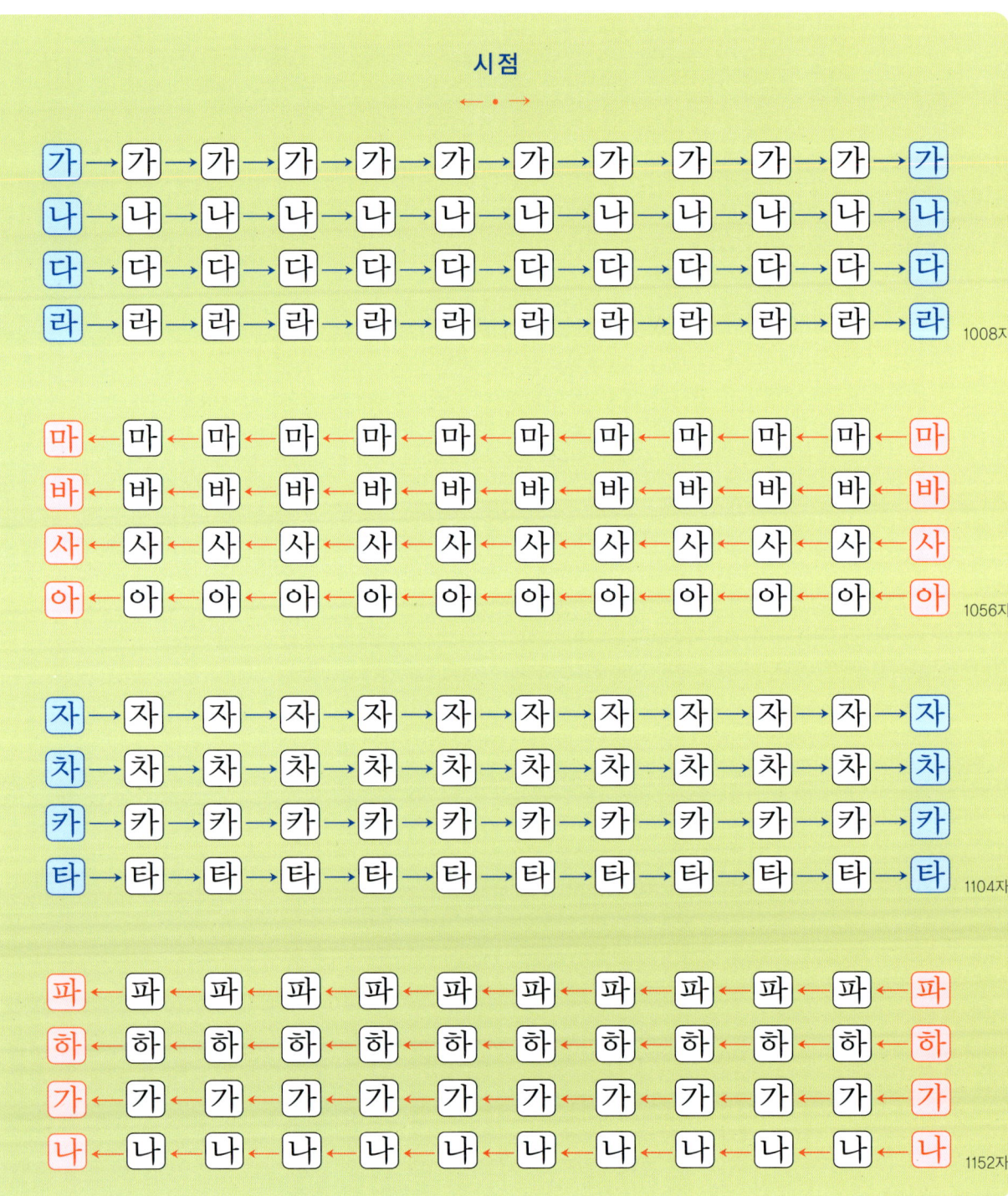

4단계 네 줄 글자 기호 인지 훈련 ❼호

시점을 중심에 두고 좌(左)에서 우로, 우(右)에서 좌로 빠르게 이동하세요.

시점
←・→

가→가→가→가→가→가→가→가→가→가→가→가
나→나→나→나→나→나→나→나→나→나→나→나
다→다→다→다→다→다→다→다→다→다→다→다
라→라→라→라→라→라→라→라→라→라→라→라 1200자

마←마←마←마←마←마←마←마←마←마←마←마
바←바←바←바←바←바←바←바←바←바←바←바
사←사←사←사←사←사←사←사←사←사←사←사
아←아←아←아←아←아←아←아←아←아←아←아 1248자

자→자→자→자→자→자→자→자→자→자→자→자
차→차→차→차→차→차→차→차→차→차→차→차
카→카→카→카→카→카→카→카→카→카→카→카
타→타→타→타→타→타→타→타→타→타→타→타 1296자

파←파←파←파←파←파←파←파←파←파←파←파
하←하←하←하←하←하←하←하←하←하←하←하
가←가←가←가←가←가←가←가←가←가←가←가
나←나←나←나←나←나←나←나←나←나←나←나 1344자

The Super Speed Reading

4단계 네 줄 글자 기호 인지 훈련 ❽호

시점을 중심에 두고 좌(左)에서 우로, 우(右)에서 좌로 빠르게 이동하세요.

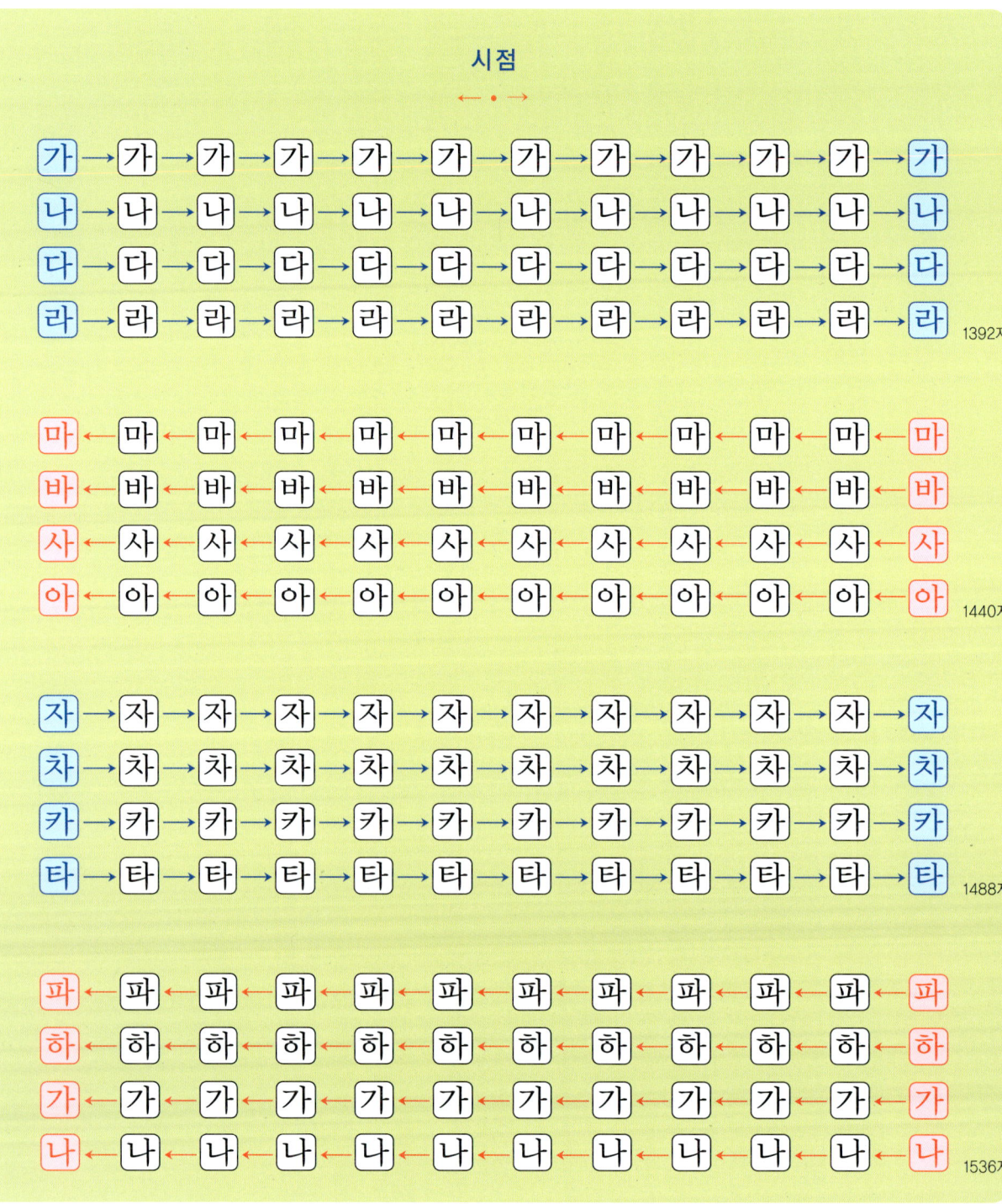

4단계 네 줄 글자 기호 인지 훈련 ❾호

시점을 중심에 두고 좌(左)에서 우로, 우(右)에서 좌로 빠르게 이동하세요.

시점
← · →

가→가→가→가→가→가→가→가→가→가→가→가
나→나→나→나→나→나→나→나→나→나→나→나
다→다→다→다→다→다→다→다→다→다→다→다
라→라→라→라→라→라→라→라→라→라→라→라 1584자

마←마←마←마←마←마←마←마←마←마←마←마
바←바←바←바←바←바←바←바←바←바←바←바
사←사←사←사←사←사←사←사←사←사←사←사
아←아←아←아←아←아←아←아←아←아←아←아 1632자

자→자→자→자→자→자→자→자→자→자→자→자
차→차→차→차→차→차→차→차→차→차→차→차
카→카→카→카→카→카→카→카→카→카→카→카
타→타→타→타→타→타→타→타→타→타→타→타 1680자

파←파←파←파←파←파←파←파←파←파←파←파
하←하←하←하←하←하←하←하←하←하←하←하
가←가←가←가←가←가←가←가←가←가←가←가
나←나←나←나←나←나←나←나←나←나←나←나 1728자

V. 네 줄 글자 인지 훈련

The Super Speed Reading

4단계 — 네 줄 글자 기호 인지 훈련 ❿호

시점을 중심에 두고 좌(左)에서 우로, 우(右)에서 좌로 빠르게 이동하세요.

시점
← · →

가→가→가→가→가→가→가→가→가→가→가→가
나→나→나→나→나→나→나→나→나→나→나→나
다→다→다→다→다→다→다→다→다→다→다→다
라→라→라→라→라→라→라→라→라→라→라→라 1776자

마←마←마←마←마←마←마←마←마←마←마←마
바←바←바←바←바←바←바←바←바←바←바←바
사←사←사←사←사←사←사←사←사←사←사←사
아←아←아←아←아←아←아←아←아←아←아←아 1824자

자→자→자→자→자→자→자→자→자→자→자→자
차→차→차→차→차→차→차→차→차→차→차→차
카→카→카→카→카→카→카→카→카→카→카→카
타→타→타→타→타→타→타→타→타→타→타→타 1872자

파←파←파←파←파←파←파←파←파←파←파←파
하←하←하←하←하←하←하←하←하←하←하←하
가←가←가←가←가←가←가←가←가←가←가←가
나←나←나←나←나←나←나←나←나←나←나←나 1920자

■ 네 줄 글자 기호 인지 훈련 기록표

 기록이 향상되도록 1분 단위로 매회 글자 수를 꼭 적으세요.

1차 : 자	2차 : 자	3차 : 자
4차 : 자	5차 : 자	6차 : 자
7차 : 자	8차 : 자	9차 : 자
10차 : 자	11차 : 자	12차 : 자
13차 : 자	14차 : 자	15차 : 자
16차 : 자	17차 : 자	18차 : 자
19차 : 자	20차 : 자	21차 : 자
22차 : 자	23차 : 자	24차 : 자
25차 : 자	26차 : 자	27차 : 자
28차 : 자	29차 : 자	30차 : 자

The Super Speed Reading
글자 인지(認知) 능력 훈련표 1호

훈련 설명

1. 불러 준 훈련 낱말의 단어를 10초 이내 인지하세요.
2. 두 글자 찾기 훈련이 끝나면 세 글자 찾기 훈련으로 하세요.
3. 예를 들어 국어를 찾을 때 "국"보다 "어"를 먼저 찾아도 됩니다.
4. 글자 수가 한 글자 더 늘어나도 10초를 초과할 수 없습니다.

속	방	○	생	율	름	○	발	설	○	두
국	대	국	수	○	누	유	자	○	우	○
○	요	산	○	국	고	○	가	○	이	○
들	피	○	독	랑	키	예	구	개	칼	송
○	등	○	어	자	○	구	○	양	미	○
동	징	탕	료	○	물	○	술	○	인	물
○	화	영	원	백	비	수	역	○	분	○
법	희	수	○	독	스	○	미	화	어	서
○	원	○	여	호	기	신	○	진	○	사
정	○	오	○	배	○	○	무	마	수	○
태	지	고	국	○	음	필	수	○	추	○

훈련 낱말 — 두 글자 인지 훈련 소요 시간 기록표

10초가 넘으면 기록하지 마세요.

낱말	1차	2차	3차	4차	5차
국화	1차: 초	2차: 초	3차: 초	4차: 초	5차: 초
미술	1차: 초	2차: 초	3차: 초	4차: 초	5차: 초
피자	1차: 초	2차: 초	3차: 초	4차: 초	5차: 초
사진	1차: 초	2차: 초	3차: 초	4차: 초	5차: 초
생수	1차: 초	2차: 초	3차: 초	4차: 초	5차: 초
사자	1차: 초	2차: 초	3차: 초	4차: 초	5차: 초
가방	1차: 초	2차: 초	3차: 초	4차: 초	5차: 초
스키	1차: 초	2차: 초	3차: 초	4차: 초	5차: 초
여름	1차: 초	2차: 초	3차: 초	1차: 초	5차: 초
수영	1차: 초	2차: 초	3차: 초	4차: 초	5차: 초
물개	1차: 초	2차: 초	3차: 초	4차: 초	5차: 초
우산	1차: 초	2차: 초	3차: 초	4차: 초	5차: 초
비누	1차: 초	2차: 초	3차: 초	4차: 초	5차: 초
설탕	1차: 초	2차: 초	3차: 초	4차: 초	5차: 초
신발	1차: 초	2차: 초	3차: 초	4차: 초	5차: 초

훈련 낱말 — 세 글자 인지 훈련 소요 시간 기록표

10초가 넘으면 기록하지 마세요.

낱말	1차	2차	3차	4차	5차
독서대	1차: 초	2차: 초	3차: 초	4차: 초	5차: 초
속독법	1차: 초	2차: 초	3차: 초	4차: 초	5차: 초
백구두	1차: 초	2차: 초	3차: 초	4차: 초	5차: 초
미역국	1차: 초	2차: 초	3차: 초	4차: 초	5차: 초
동물원	1차: 초	2차: 초	3차: 초	4차: 초	5차: 초
호랑이	1차: 초	2차: 초	3차: 초	4차: 초	5차: 초
고등어	1차: 초	2차: 초	3차: 초	4차: 초	5차: 초
분수대	1차: 초	2차: 초	3차: 초	4차: 초	5차: 초
들국화	1차: 초	2차: 초	3차: 초	4차: 초	5차: 초
음료수	1차: 초	2차: 초	3차: 초	4차: 초	5차: 초
무지개	1차: 초	2차: 초	3차: 초	4차: 초	5차: 초
칼국수	1차: 초	2차: 초	3차: 초	4차: 초	5차: 초
오징어	1차: 초	2차: 초	3차: 초	4차: 초	5차: 초
양배추	1차: 초	2차: 초	3차: 초	4차: 초	5차: 초
고구마	1차: 초	2차: 초	3차: 초	4차: 초	5차: 초

The Super Speed Reading
집중력 향상을 위한 미로찾기(1)

* 필기구는 절대로 사용하지 말고 눈으로만 미로를 따라 이동하세요.
* 준비! 하면 출발 화살표를 보고 있다가 시작과 동시에 이동하세요.

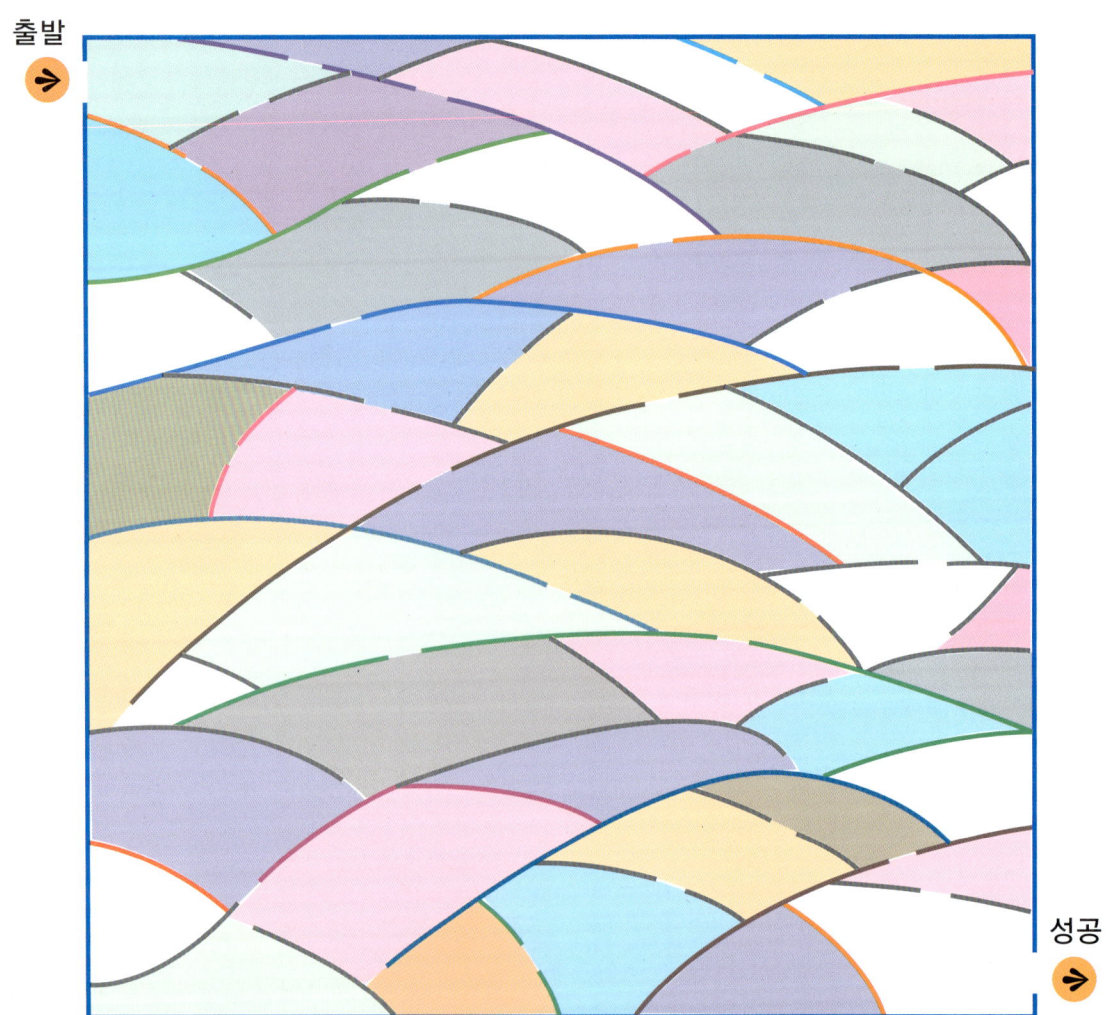

소요 시간 기록표 (소요 시간 : 7초 내 주파하세요.)

1차 : 초	2차 : 초	3차 : 초	4차 : 초	5차 : 초
6차 : 초	7차 : 초	8차 : 초	9차 : 초	10차 : 초

집중력 향상을 위한 미로찾기(2)

*필기구는 절대로 사용하지 말고 눈으로만 미로를 따라 이동하세요.
*준비! 하면 출발 화살표를 보고 있다가 시작과 동시에 이동하세요.

소요 시간 기록표 (소요 시간 : 10초 내 주파하세요.)

1차 : 초	2차 : 초	3차 : 초	4차 : 초	5차 : 초
6차 : 초	7차 : 초	8차 : 초	9차 : 초	10차 : 초

The Super Speed Reading

집중력 향상을 위한 미로찾기(3)

*필기구는 절대로 사용하지 말고 눈으로만 미로를 따라 이동하세요.
*준비! 하면 출발 화살표를 보고 있다가 시작과 동시에 이동하세요.

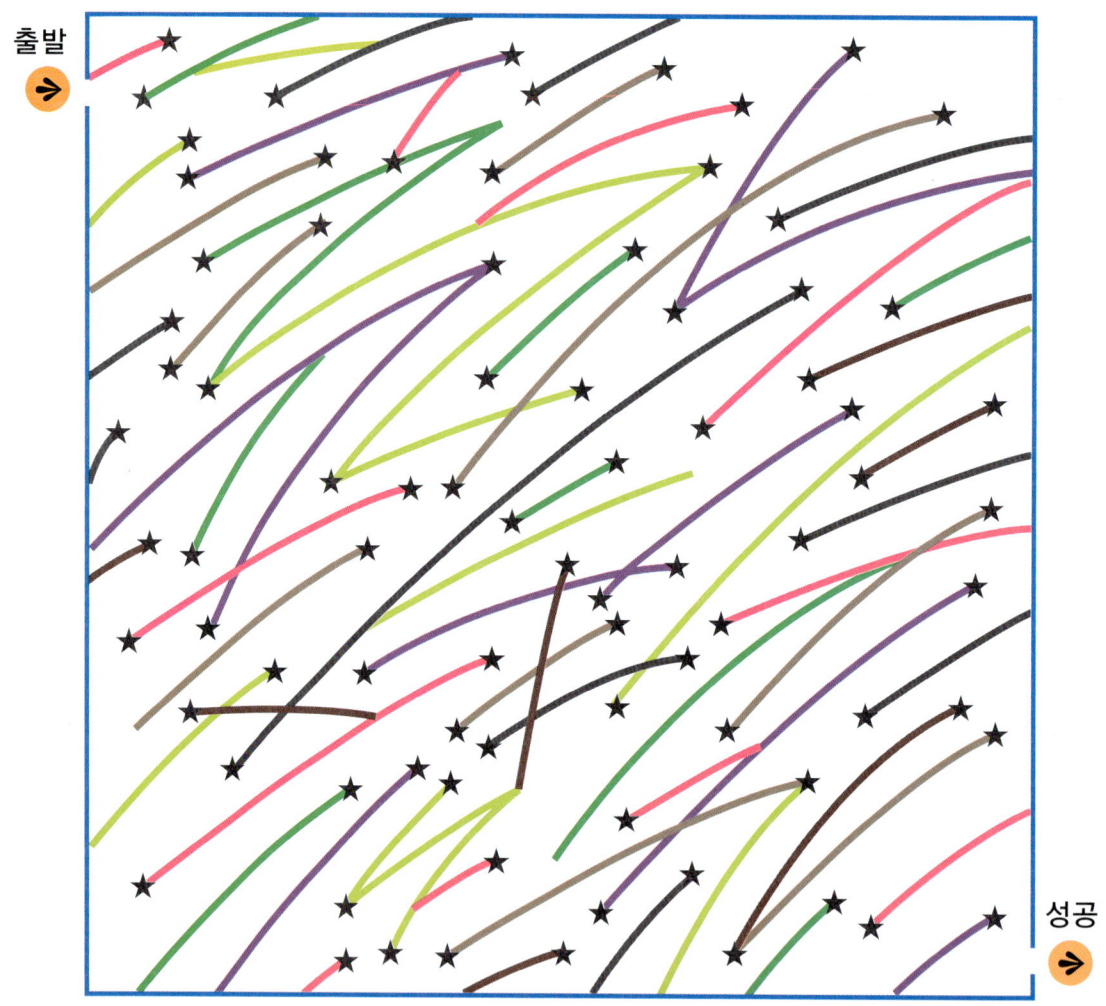

소요 시간 기록표 (소요 시간 : 20초 내 주파하세요.)

1차 : 초	2차 : 초	3차 : 초	4차 : 초	5차 : 초
6차 : 초	7차 : 초	8차 : 초	9차 : 초	10차 : 초

■ 훈련 기록표

💙 기록이 향상되도록 매회 소요 시간을 꼭 적으세요.

1차 : 초	2차 : 초	3차 : 초
4차 : 초	5차 : 초	6차 : 초
7차 : 초	8차 : 초	9차 : 초
10차 : 초	11차 : 초	12차 : 초
13차 : 초	14차 : 초	15차 : 초
16차 : 초	17차 : 초	18차 : 초
19차 : 초	20차 : 초	21차 : 초
22차 : 초	23차 : 초	24차 : 초
25차 : 초	26차 : 초	27차 : 초
28차 : 초	29차 : 초	30차 : 초

The Super Speed Reading

■ 훈련 기록표

💜 기록이 향상되도록 매회 소요 시간을 꼭 적으세요.

31차 : 초	32차 : 초	33차 : 초
34차 : 초	35차 : 초	36차 : 초
37차 : 초	38차 : 초	39차 : 초
40차 : 초	41차 : 초	42차 : 초
43차 : 초	44차 : 초	45차 : 초
46차 : 초	47차 : 초	48차 : 초
49차 : 초	50차 : 초	51차 : 초
52차 : 초	53차 : 초	54차 : 초
55차 : 초	56차 : 초	57차 : 초
58차 : 초	59차 : 초	60차 : 초

VI

네 줄 글자 내용 인지 훈련

- 개미와 베짱이
- 당나귀를 메고 가는 부자(父子)

글자 내용 인지 훈련 ❶호

The Super Speed Reading

시점을 한 줄의 횡 중심에 두고 ↯방향으로 내용을 빠르게 순간 인지하면서 수직으로 이동한다.

【개미와 베짱이】　　　　　　　　　　　　　총 글자 수 : 2,047자

꽃이 피고 새가 우는 따스한 봄날은 어느덧 지나갔고 점점 날씨가
찌는 듯한 무더운 여름이 돌아왔습니다.
노래부르기를 좋아하는 베짱이는 늘 풀 위에 누어 한가롭게 노래만
부르고 있었습니다.　　　　　　　　　　　　　　　　　　　77자

개미들은 평소와 다름없이 땀을 뻘뻘 흘리면서 열심히 일을 하여
겨울에 먹을 양식을 모으고 있었습니다.
오늘도 개미들이 일하고 있는 숲 옆에서 베짱이가 신나게 바이올린
연주에 맞추어 노래를 부르고 있었습니다.　　　　　　　　163자

어찌된 일인지 베짱이는 일도 하지 않고 하루도 빠짐없이 그늘이
진 시원한 곳에서 바이올린을 켜면서 즐겁게
노래만을 불러댑니다.
그러면서 베짱이는 열심히 일하는 개미에게 말을 건네면서　　240자

이렇게 말을 합니다.
"야! 개미야, 날씨가 이렇게 더운 날에 쉬지도 않고 무슨 일을 그리
열심히 하니?"
"이리 와서 나와 함께 노래나 부르면서 함께 쉬자꾸나! "　　298자

The Super Speed Reading
글자 내용 인지 훈련 ❷호

시점을 한 줄의 횡 중심에 두고 ∫방향으로 내용을 빠르게 순간 인지하면서 수직으로 이동한다.

개미는 베짱이의 말에 대꾸도 없이 열심히 먹을 것을 끌어 모았습니다.
그리고 크고 작은 것 가리지 않고 양식이 될만한 것들을 하나 둘씩 집으로 낑낑대며 끌고 갔습니다.

365자

개미집에는 어느덧 쉬지 않고 열심히 일을 하였기에 창고에 양식이 가득 쌓여가고 있었습니다.
개미는 한가하게 노래만 부르고 있는 베짱이에게 충고의 말로 한마디 했습니다.

435자

"야 베짱아! 조금만 있으면 여름도 가고 가을이 지나 겨울이 오는데 일은 하지 않고 그렇게 노래만 부르냐!"
"추운 겨울을 위해 지금부터라도 미리 먹을 것을 비축해야 하지 않겠니?"

503자

개미는 걱정이 되어 베짱이에게 알려 주었습니다.
베짱이는 개미의 말을 비웃었습니다.
"이렇게 날씨가 더운데 일을 어떻게 하란 말이냐?"
"일을 하게 되면 땀도 많이 나고 힘도 들고 하여 나는 싫어!"

579자

글자 내용 인지 훈련 ❸호

시점을 한 줄의 횡 중심에 두고 ⤴방향으로 내용을 빠르게 순간 인지하면서 수직으로 이동한다.

"이렇게 더운 날에는 음악과 함께 노래를 부를 수 있는 이 시간이 나는 제일 행복하다고 말할 수 있지!"
베짱이는 개미에게 말을 했습니다.
"야! 개미야!"

636자

"겨울이 되려면 아직도 멀었는데 이 뜨거운 여름에 벌써 겨울 걱정을 하다니 정말 한심하구나!"
베짱이는 개미에게 좀 쉬면서 시원한 그늘에서 나와 함께 합창으로 노래나 부르면서 같이 놀자고 하였습니다.

717자

그래도 개미들은 날씨가 덥거나 바람이 불어도 묵묵히 열심히 일을 하였습니다.
베짱이는 여름이 가기 전에 한 곡이라도 더 부르기 위하여 쉬지 않고 열심히 노래를 불렀습니다.

787자

오늘도 시원한 그늘에서 목청이 터지도록 바이올린 연주에 맞추어 흥겹게 노래를 계속 불렀습니다.
그렇게 하루하루가 지나다 보니 어느덧 여름이 지나갔고 벌써 가을이 되어 낙엽이 물들기 시작하였습니다.

870자

The Super Speed Reading
글자 내용 인지 훈련 ❹호

시점을 한 줄의 횡 중심에 두고 ⌇방향으로 내용을 빠르게 순간 인지하면서 수직으로 이동한다.

서서히 찬바람이 불기 시작하고 푸른 나뭇잎은
누런 낙엽이 되어 버렸습니다.
낙엽들은 하나 둘씩 땅에 떨어지기 시작하였습니다.
그늘은 점점 없어지고 앙상한 나뭇가지만 남아 있습니다.

945자

이제는 점점 찬바람이 불기 시작하여 베짱이도 더 이상 노래를 부를 수가 없었습니다.
바이올린을 어깨에 메고 노래는 그만 부르겠다고 마음먹고 이리저리 쓸쓸히 돌아다니고 있었습니다.

1,020자

날씨는 하루하루 다르게 춥기만 하고 하늘에서는 벌써 하얀 눈이
서서히 내리기 시작하였습니다.
이제야 베짱이는 추운 겨울을 걱정하게 되었습니다.
눈은 조금씩이지만 계속 내리고 있습니다.

1,097자

산과 들 그리고 나뭇가지에도 조금씩 조금씩 눈이 쌓여만 가고 있었습니다.
바람도 싸늘하게 불어오고 온몸을 움추리고 있지만 베짱이의 가느다란 다리와 얇은 날개가 서서히 얼기 시작하였습니다.

1,176자

글자 내용 인지 훈련 ❺호

The Super Speed Reading

시점을 한 줄의 횡 중심에 두고 방향으로 내용을 빠르게 순간 인지하면서 수직으로 이동한다.

다리에 힘도 없고 너무 추어서 베짱이는 이 상태로는 도저히 걷기조차 힘이 들었습니다.
그래도 힘을 내어 걸어가지만 이제는 점점 배가 고파서 더욱더 힘이 들었습니다.

1,243자

베짱이는 너무 춥고 배가 고파서 견딜 수가 없었습니다.
그런데 바로 저기 앞에 개미집이 보이는 것이었습니다.
조금씩 조금씩 걸어서 개미집까지 왔습니다.
개미집 앞에 서서 창문을 통하여 들여다보았습니다.

1,326자

개미 가족들은 따뜻한 난로가 있는 큰 원탁에 둘러앉아 맛있는 음식을 먹고 있는 중이었습니다.
그 광경을 본 베짱이는 더욱더 배가 고파 참을 수가 없었습니다.

1,389자

한참을 쳐다보다 베짱이는 용기를 내어서 개미집의 대문을 두드렸습니다.
"개미님! 개미님!"
"너무 춥고 배가 고파서 견딜 수가 없어요!"

1,441자

The Super Speed Reading
글자 내용 인지 훈련 ❻호

시점을 한 줄의 횡 중심에 두고 방향으로 내용을 빠르게 순간 인지하면서 수직으로 이동한다.

"먹을 것 좀 주세요, 먹을 것 좀 주세요."
개미는 "누구세요?" 하면서 대문을 열었습니다.
아니, 그런데, 베짱이었습니다.
베짱이의 모습은 너무나 초라해 보였습니다.

1,498자

베짱이는 개미에게 먹을 것 좀 달라고 사정을 했습니다.
개미는 "아니, 여름 내내 일도 안하고 노래만 부르더니, 이제 와서 먹을 것을 달라니 이거 너무한 것 아니야!"
개미는 베짱이 앞에서 큰소리로 호통을 쳤습니다.

1,581자

베짱이는 아무 말도 못하고 고개만 숙이고 서 있었습니다.
그 모습을 보니 너무 불쌍해 보였습니다.
개미도 이렇게 말해 놓고 미안했는지 일단 집 안으로 들어오라고 하였습니다.

1,652자

그리고 따뜻한 물과 빵을 가져다 주면서 아까 내가 큰소리친 것은 정말 미안하다고 사과했습니다.
"알고 보면 우리가 여름에 열심히 일을 할 수 있었던 것은 순전히 너 때문이야!" 개미는 다정하게 말을 했습니다.

1,734자

글자 내용 인지 훈련 ❼호

시점을 한 줄의 횡 중심에 두고 ⤵방향으로 내용을 빠르게 순간 인지하면서 수직으로 이동한다.

베짱이는 여름에 하나도 한 일이 없는데 나 때문에 일을 열심히 했다니 너무나 이상하였습니다.
"우리가 쉬지 않고 일할 수 있었던 것은 네가 열심히 노래를 열심히 불러 주었기 때문이다."

1,807자

"우리 개미들은 네 노랫소리를 들으면서 힘드는 줄 모르고 일을 할 수 있었단다.
만약 네가 노래를 불러주지 않았으면 그 무더운 여름에 지루하게 일을 했을 것이었다."

1,872자

베짱이는 이렇게 위로의 말을 해 주는 개미에게 너무나 고마워 했습니다.
베짱이는 내년 여름이 다시 오면 노래만 부를 것이 아니라 개미를 거울삼아 열심히 일하여야 하겠다고 다짐했습니다.

1,948자

이제는 다시 추운 겨울이 돌아와도 걱정이 없습니다.
집 안에서 맛있는 음식을 쌓아 놓고 따뜻한 난로 앞에서 노래를 부르며 개미처럼 행복한 날들을 보내게 되었습니다. 특히, 어려운 이웃에 음식을 나누어 주고, 이웃과 사이좋게 지내기로 하였답니다.

2,047자

The Super Speed Reading
글자 내용 인지 훈련 ❽호

시점을 한 줄의 횡 중심에 두고 방향으로 내용을 빠르게 순간 인지하면서 수직으로 이동한다.

【당나귀를 메고 가는 부자(父子)】   총 글자 수 : 963자

옛날에 시골마을에 장날이 되어서 아버지와 아들은 집에서 기르던 당나귀를 팔러 길을 떠났습니다.
아버지는 당나귀의 고삐를 잡고 걸어가고 아들은 뒤에서 꼬리를 잡고 따라가고 있었습니다.

77자

부자는 아무 생각 없이 그냥 길을 걸어가고 있었습니다. 그런데, 지나가는 사람들이 그들을 보고 자꾸만 수근거리고 있었습니다.
"저기 당나귀를 끌고 가는 사람 좀 봐. 타고 가면 편할 텐데 왜 저렇게 걸어가는 거야?"

160자

그 말을 들은 아버지는 그 말이 옳다고 생각하였습니다.
그래서 뒤에 따라오는 아들을 불러서 당나귀 등에 올라 태웠습니다. 아들은 아버지가 시키는 대로 당나귀를 타고 갔습니다.
그리고 아버지는 한참을 걸어가고 있었습니다.

250자

당나귀를 타고 가는 아들을 보고 지나가던 노인이 말을 했습니다.
"세상에 이런 못된 자식을 봤나."
"늙은 아비는 걸어가게 하고 젊은 아들 녀석은 당나귀를 타고 가다니 정말 못된 자식이구먼!"

324자

글자 내용 인지 훈련 ❾호

시점을 한 줄의 횡 중심에 두고 방향으로 내용을 빠르게 순간 인지하면서 수직으로 이동한다.

그 말을 들은 아버지는 노인의 말이 맞는 것 같아서 아들에게 아무래도 "안 되겠구나.
지나가던 노인이 욕을 하니 어서 내려오는 게 좋겠다."
그리고 아버지가 당나귀 등에 올라탔습니다.

396자

아들은 내려서 당나귀 고삐를 잡고 걸어가고 있었습니다.
이번엔 빨래터에서 아낙네들이 그 광경을 보고, "아니 나이 어린 아들은 걷게 하고 어른인 자기만 당나귀를 타고 가다니.
정말 못된 아비로군?" 이렇게 말들을 하는 것이었습니다.

488자

그 말을 들은 아버지는 아들까지 당나귀 등에 올라타고 부자가 함께 타고 길을 갔습니다.
이렇게, 아버지와 아들을 함께 태운 당나귀는 다리를 휘청거리면서 가까스로 걸어가는 것이었습니다.

564자

마침 그 길을 지나가던 동네 사람들이 이 광경을 보고 말을 했습니다. "저기 좀 보게. 저 사람들 정말로 나쁘구먼." "당나귀가 저렇게 힘들어하는데 메고 가질 못할망정 둘씩이나 타고 가다니. 정말 불쌍해서 못 보겠구나."

648자

The Super Speed Reading
글자 내용 인지 훈련 ❿호

시점을 한 줄의 횡 중심에 두고 ⌇방향으로 내용을 빠르게 순간 인지하면서 수직으로 이동한다.

이 말을 들은 아버지와 아들은 저 사람들 말이 맞는구나 생각하고 당나귀 등에서 내려왔습니다.
그리고 튼튼하고 긴 나무를 구해 가지고 부자는 당나귀의 다리를 두 개씩 묶었습니다.

720자

그리고 나서 당나귀를 거꾸로 매달고 아버지는 앞에서, 아들은 뒤에서 메고 걸어갔습니다.
당나귀는 너무나 괴로워 몸부림을 쳤습니다.
부자는 당나귀를 메고 낑낑거리면서 돌다리를 건너갑니다.

798자

겨우 시냇물을 중간쯤 건너가고 있을 때입니다.
이것을 본 아이들이 깔깔깔 웃으면서 "야! 저기 좀 봐라. 사람이 당나귀를 메고 간다." 하면서 소리를 크게 질렀습니다.
아이들 소리에 놀란 당나귀는 발버둥을 쳤습니다.

882자

그 바람에 당나귀를 메고 가던 아버지와 아들은 그만 물속으로 풍덩 빠지고 말았습니다.
아버지가 소신껏 행동하지 않고 남의 말만 듣다가 결국 다리가 묶여있던 당나귀만 죽이고 말았다는 이야기입니다.

963자

■ 네 줄 글자 내용 인지 훈련 기록표

네 줄 전체 총 글자 수 : 3,010자

기록이 향상되도록 매회 소요 시간을 꼭 적으세요.

1차 : 분 초	2차 : 분 초	3차 : 분 초
4차 : 분 초	5차 : 분 초	6차 : 분 초
7차 : 분 초	8차 : 분 초	9차 : 분 초
10차 : 분 초	11차 : 분 초	12차 : 분 초
13차 : 분 초	14차 : 분 초	15차 : 분 초
16차 : 분 초	17차 : 분 초	18차 : 분 초
19차 : 분 초	20차 : 분 초	21차 : 분 초
22차 : 분 초	23차 : 분 초	24차 : 분 초
25차 : 분 초	26차 : 분 초	27차 : 분 초
28차 : 분 초	29차 : 분 초	30차 : 분 초

The Super Speed Reading

■ 네 줄 글자 내용 인지 훈련 기록표

네 줄 전체 총 글자 수 : 3,010자

기록이 향상되도록 매회 소요 시간을 꼭 적으세요.

31차 : 분 초	32차 : 분 초	33차 : 분 초
34차 : 분 초	35차 : 분 초	36차 : 분 초
37차 : 분 초	38차 : 분 초	39차 : 분 초
40차 : 분 초	41차 : 분 초	42차 : 분 초
43차 : 분 초	44차 : 분 초	45차 : 분 초
46차 : 분 초	47차 : 분 초	48차 : 분 초
49차 : 분 초	50차 : 분 초	51차 : 분 초
52차 : 분 초	53차 : 분 초	54차 : 분 초
55차 : 분 초	56차 : 분 초	57차 : 분 초
58차 : 분 초	59차 : 분 초	60차 : 분 초

Ⅶ. 실전 속독 이해도 테스트 (4)

이해도 테스트는 초등생이 꼭 읽어야 할 필독서인
삼국유사 중에서 만들었습니다.

삼국유사는 고구려, 백제, 신라의 역사와 그 시대의 세 나라에서 일어난
여러 가지 신비스러운 일들을 기록한 아주 귀중한 책입니다.

삼국유사는 백성들의 입에서 입으로 전해 내려오는 야사
(민가에서 사사로이 기록한 역사)를 모아서 엮은 책입니다.

우리 민족의 신화, 전설 등을 일일이 수집하여 비평이나
해설 없이 써서 엮은 책이 바로 삼국유사입니다.

이 책은 재미도 있으면서 청소년 시기에는 누구나 한 번쯤 부담 없이
꼭 읽어야 할 책입니다.

속독 이해도 테스트 ⑦
삼국유사 중에서 : 백제의 시조 온조왕

※ 우화: 교훈적이고 풍자적인 내용을 동식물 등에 빗대어 엮은 이야기입니다.

속독 이해도 테스트 ⑧
세계 여러 나라의 우화 중에서 : 사자왕의 출정

실전 속독 이해도 테스트 ❼

백제의 시조 온조왕

총 글자 수 : 1,226자

옛 백제의 시조인 온조는 고구려 동명성왕의 셋째 아들입니다. 몸집이 크고 부모에게 효도를 잘 했으며, 형제간에 우애가 깊으며, 강인하면서도 말타기와 활쏘기를 매우 좋아했습니다.

「삼국사기」에는 백제의 시조는 온조라고 기록이 되었습니다. 그의 아버지는 추모왕 또는 주몽이라고 합니다. 그의 아버지 주몽은 북부여에서 자신을 해치려는 사람들 때문에 그들을 피해서 졸본부여로 갔습니다. 졸본부여의 왕에게는 딸이 셋이 있었는데, 주몽이 아주 뛰어난 인물임을 미리 알고 둘째 공주를 시집 보내어, 주몽은 왕의 사위가 되었습니다.

그 후 졸본부여의 왕이 세상을 떠나게 되자 주몽이 그 뒤를 이어 왕이 되었습니다. 주몽과 왕비 사이에는 두 아들이 있었는데 큰아들이 비류였고 둘째 아들이 온조였습니다. 뒤에 주몽이 북부여에 있을 때 낳은 아들인 유리가 찾아와 태자가 되자, 비류와 온조는 유리 태자가 두려워서 오간과 마려 등 열 사람의 부하들과 남쪽으로 내려갔습니다. 또한, 그들을 따르는 백성들도 많이 있었습니다. 비류와 온조 형제는 한산에 이르러 북악 봉우리에 올라가 새로운 나라의 터를 잡을 만한 땅을 살펴보았습니다.

The Super Speed Reading

비류가 바닷가 근처에 새로운 터를 잡으려 했지만 함께 온 열 사람의 부하들이 적극적으로 말렸습니다.

"이 곳 하남의 땅은 북쪽으로는 한강을 끼고 있어서 좋고 동쪽으로는 높은 산을 의지하여 남쪽으로는 기름진 들이 넓게 펼쳐져 있고, 서쪽으로는 큰바다가 있으니 이보다 더 좋을 수는 없습니다. 이곳에다 도읍을 세우는 것이 마땅합니다."

그러나 비류는 부하들의 의견을 전혀 듣지 않았습니다. 하는 수 없이 비류를 따라온 백성들은 동생인 온조에게 일부 나누어 지금의 인천 부근인 미추홀로 떠났습니다. 아우인 온조는 지금의 경기도 광주 부근인 하남 위례성에 도읍을 정하고 나라 이름을 십제라 지었습니다. 기원전 18년의 일입니다.

미추홀로 간 비류는 그 곳이 바다와 가까워 습기가 많고 물이 짜기 때문에 터를 도저히 잡을 수가 없었습니다. 그래서 다시 동생이 있는 위례성으로 돌아왔습니다. 온조가 있는 위례성은 자리가 잡혀가고 백성들은 편하게 잘 살고 있었습니다.

비류는 정착에 실패하여 죽고 말았습니다. 비류가 세상을 떠나자 그를 따랐던 신하와 백성들은 위례성으로 돌아오고, 백성들은 위례성으로 오면서 모두들 즐거워했다고 하여 그 뒤 나라 이름을 백제라고 고쳤습니다.

백제는 고구려와 마찬가지로 부여에서 나왔으므로 온조의 성도 해씨라고 하였습니다. 그 뒤 성왕 때에 지금의 부여군인 사비로 도읍을 옮겼습니다.

옛날 기록에는 고구려의 시조 주몽 즉 동명성왕의 셋째 왕자 온조는 기원전 18년에 졸본부여에서 위례성으로 도읍을 옮겨 세우고 왕이라고 하였습니다. 온조왕 14년인 기원전 5년에 도읍을 한산(지금의 광주)으로 옮겨서 389년 동안 이 곳에서 지냈습니다.

그 후로 백제 13대왕인 근초고왕은 도읍을 지금의 양주인 북한성으로, 22대왕 문주왕은 지금의 공주인 웅천으로 옮겨왔습니다. 백제 26대 왕인 성왕 16년, 즉 538년에 도읍을 소부리(부여)로 다시 옮겨서 나라 이름을 남부여라 하였습니다. 제31대 의자왕에 이르기까지 120년 동안 그 곳에서 지냈습니다.

백제는 의자왕 20년, 즉 660년에 신라의 김유신 장군과 당나라의 소정방이 거느린 나당 연합군에 의해서 멸망하였습니다. 백제는 시조인 온조왕이 나라를 세운지 678년만에 제31대 의자왕에 이르러 멸망하였습니다.

The Super Speed Reading

문제풀이

1. 아래 다섯 문제 중에서 3문제 이상을 맞추어야 합니다.
2. 틀린 문제는 다시 한번 속독으로 읽으면서 확인하세요.
3. 반복하여 훈련, 소요 시간을 단축하세요.
4. 정답은 1회만 맞추어 보고, 2회 째부터 실전 속독 스피드 훈련만 하세요.

이해력 테스트   백제의 시조 온조왕

1. 온조왕이 어려서부터 취미로 좋아하던 것은? (   )
   ① 공부를 잘했다.　　　　　　② 싸움을 잘했다.
   ③ 심부름을 잘했다.　　　　　④ 말타기와 활쏘기를 좋아했다.

2. 온조왕의 아버지 주몽은 자신을 해치려는 사람들을 피해 어디로 갔나요? (   )
   ① 북부여　　② 남부여　　③ 졸본부여　　④ 동부여

3. 새로운 나라의 터를 바닷가 근처로 잡자고 한 사람은 누구인가요? (   )
   ① 백성　　② 비류　　③ 온조　　④ 열 명의 부하

4. 온조가 지금의 경기도 광주 하남인 위례성에 도읍을 정한 후 나라 이름을 무엇이라 하였나요? (   )
   ① 십제　　② 이십제　　③ 삼십제　　④ 사십제

5. 백제의 31대 마지막 왕의 이름은 무엇인가요? (   )
   ① 근초고왕　　② 성왕　　③ 의자왕　　④ 문무왕

백제의 시조 온조왕 : 실전 속독 스피드 훈련 기록표

 실력이 향상되도록 매회 소요 시간을 꼭 기록하세요.

1차 : 　분　　초	2차 : 　분　　초	3차 : 　분　　초
4차 : 　분　　초	5차 : 　분　　초	6차 : 　분　　초
7차 : 　분　　초	8차 : 　분　　초	9차 : 　분　　초
10차 : 　분　　초	11차 : 　분　　초	12차 : 　분　　초
13차 : 　분　　초	14차 : 　분　　초	15차 : 　분　　초
16차 : 　분　　초	17차 : 　분　　초	18차 : 　분　　초
19차 : 　분　　초	20차 : 　분　　초	21차 : 　분　　초
22차 : 　분　　초	23차 : 　분　　초	24차 : 　분　　초
25차 : 　분　　초	26차 : 　분　　초	27차 : 　분　　초
28차 : 　분　　초	29차 : 　분　　초	30차 : 　분　　초

The Super Speed Reading

실전 속독 이해도 테스트 ❽

사자왕의 출정 (적을 치러 싸움터로 나감)

총 글자 수 : 726자

　동물의 세계에 전쟁이 일어날 것 같았다. 동물들 가운데 절반은 무서워 떨고 나머지 절반은 마구 흥분했는데, 모두 안정을 잃고 소란을 피우기는 마찬가지였다. 그 중에서도 혈기 왕성한 동물들은 강한 군대를 조직하기 위해 서둘렀다.
　그들은 왕으로 떠받들고 있는 사자에게 모든 동물들을 소집해 달라고 부탁했다. 사자왕은 "용감한 자는 즉시 자기 앞에 모이라"고 호령했다. 그러자 제일 먼저 달려온 동물은 마치 갑옷을 입은 것처럼 단단한 몸을 가진 코뿔소였다. 코뿔소를 선두로 하여 진군하면 두려울 것이 없겠다고 동물들은 손뼉을 치며 좋아했다. 그 다음에 땅을 울리며 달려온 동물은 거대한 코끼리였다. 코끼리가 같이 싸워 준다면 일당백이라고 더욱 좋아하는 가운데 늑대와 여우, 호랑이와 표범, 하이에나와 들소도 앞으로 나왔다. 그밖에도 많은 동물들이 계속하여 사자 왕의 지휘 아래 모여들었다. 그러자 동물들이

모인 곳은 벌써 싸움에 이긴듯한 축제 분위기로 들떠 있었다.

처음에는 무서워 떨던 동물들의 사기도 높아졌으며 코뿔소와 코끼리를 선두로 발걸음도 당당하게 행진을 시작했다.

그때 당나귀 한 마리가 힘없이 어슬렁거리며 나타났다. 행진 대열에 가까이 온 당나귀는 머뭇거리며 "나도 대열에 끼워 주세요."하고 부탁했다. 그 말을 들은 동물들은 일제히 웃으며 "네가 무슨 싸움을 하겠니?"하며 상대를 해 주지 않았다. 그러자 당나귀는 다시 한번 큰 소리로 "나도 반드시 도움이 될테니 끼워 주세요." 하고 외쳤다.  당나귀는 평상시에는 낮은 목소리로 말하지만 무서운 일을 당하면 크게 비명을 질렀다. 그런 당나귀가 힘껏 큰 소리로 외쳤으니 놀라지 않을 수 없었다. 코뿔소도 코끼리도 늑대도 깜짝 놀라 걸음을 멈출 정도였다.

이를 본 사자왕은 "네가 도움이 된다는 것은 그 바보같이 큰 목소리인가? 좋다, 너는 부대의 선두에 서서 그 목소리로 돌격 나팔을 불어라."하고 말했다. 그러자 당나귀는 갑자기 뒷걸음을 치며 말했다.

"선두라니, 그리고 돌격이라니, 말도 안 돼요. 나는 이 대열의 제일 뒤에 있다가 퇴각 신호를 하도록 하겠습니다."

The Super Speed Reading

문제풀이

1. 아래 세 문제 중에서 2문제 이상을 맞추어야 합니다.
2. 틀린 문제는 다시 한번 속독으로 읽으면서 확인하세요.
3. 반복하여 훈련, 소요 시간을 단축하세요.
4. 정답은 1회만 맞추어 보고, 2회 째부터 실전 속독 스피드 훈련만 하세요.

이해력 테스트 사자왕의 출정

1. 사자왕 앞에 제일 먼저 달려온 동물은 어떤 동물인가요? (   )
   ① 코끼리   ② 호랑이   ③ 코뿔소   ④ 늑대

2. 행진 대열에 끼어 달라고 부탁한 동물은? (   )
   ① 들소   ② 여우   ③ 표범   ④ 당나귀

3. 행진 대열에 끼고 싶어하는 동물은 어느 위치를 원했나요? (   )
   ① 아무데나   ② 제일 뒤   ③ 중간   ④ 선두

사자왕의 출정 : 실전 속독 스피드 훈련 기록표

 실력이 향상되도록 매회 소요 시간을 꼭 기록하세요.

1차 : 분 초	2차 : 분 초	3차 : 분 초
4차 : 분 초	5차 : 분 초	6차 : 분 초
7차 : 분 초	8차 : 분 초	9차 : 분 초
10차 : 분 초	11차 : 분 초	12차 : 분 초
13차 : 분 초	14차 : 분 초	15차 : 분 초
16차 : 분 초	17차 : 분 초	18차 : 분 초
19차 : 분 초	20차 : 분 초	21차 : 분 초
22차 : 분 초	23차 : 분 초	24차 : 분 초
25차 : 분 초	26차 : 분 초	27차 : 분 초
28차 : 분 초	29차 : 분 초	30차 : 분 초

The Super Speed Reading

글자 인지 시야 확대 [4글자~6글자] 훈련 ②

* 시점은 책을 펼쳐서 두 쪽 중심의 제본선 상단에 위치하세요.
* 머리는 고정하고 안구를 움직여 좌(左)·우(右)의 글자를 인지하세요.

← 시

오색구름 ←――④――④――④――④――④――
산꼭대기 ←――④――④――④――④――④――
고기잡이 ←――④――④――④――④――④――

태양과 파도 ←――⑤――⑤――⑤――⑤――⑤
구두쇠 주인 ←――⑤――⑤――⑤――⑤――⑤
바다와 육지 ←――⑤――⑤――⑤――⑤――⑤

산에는 진달래 ←――⑥――⑥――⑥――⑥――
하늘에 먹구름 ←――⑥――⑥――⑥――⑥――
시골에 할머니 ←――⑥――⑥――⑥――⑥――

The Super Speed Reading

중급 기초 훈련

* 턱을 아래로 당긴 상태에서 훈련하세요.
* 글자 네 자~여섯 자까지 아래로 이동하여 10회까지 반복 훈련하세요.
* 시간이 단축될 수 있도록 매번 소요 시간을 꼭 기록하세요.

점 →

--④--④--④--④--④--→ 오색구름

--④--④--④--④--④--→ 산꼭대기

--④--④--④--④--④--→ 고기잡이

⑤--⑤--⑤--⑤--⑤--→ 태양과 파도

⑤--⑤--⑤--⑤--⑤--→ 구두쇠 주인

⑤--⑤--⑤--⑤--⑤--→ 바다와 육지

--⑥--⑥--⑥--⑥--→ 산에는 진달래

--⑥--⑥--⑥--⑥--→ 하늘에 먹구름

--⑥--⑥--⑥--⑥--→ 시골에 할머니

■ 시야 확대 4글자~6글자 인지 훈련 기록표

기록이 향상되도록 매회 소요 시간을 꼭 적으세요.

1차 : 초	2차 : 초	3차 : 초
4차 : 초	5차 : 초	6차 : 초
7차 : 초	8차 : 초	9차 : 초
10차 : 초	11차 : 초	12차 : 초
13차 : 초	14차 : 초	15차 : 초
16차 : 초	17차 : 초	18차 : 초
19차 : 초	20차 : 초	21차 : 초
22차 : 초	23차 : 초	24차 : 초
25차 : 초	26차 : 초	27차 : 초
28차 : 초	29차 : 초	30차 : 초

The Super Speed Reading

집중력
두뇌 운동 테스트
글자 인지·색 훈련

VII. 실전 속독 이해도 테스트(4)

The Super Speed Reading

>>> 단어 인지 집중력 두뇌 테스트　　훈련 2호

- 선택된 단어 하나를 주시하고 있다가 시작과 동시에 인지하세요.
- 아래의 같은 단어를 (10초 이내) 인지하면서 개수를 세어서 기록하세요.
- 시점을 중심에 두고 한 줄씩 빠르게 인지하여 수직으로 이동하세요.
- 개수가 맞는지 다시 한 번 천천히 확인하세요.

물방개 소 자라

백두산 자라 기차여행 백두산

물방개 울릉도 자라 지하철

지하철 물방개 사자 고래 자라

소 지하철 사자 매미 울릉도 백두산 말

매미 물방개 고래 지하철 고래 사자 매미

기차여행 고래 매미 물방개 지하철 울릉도 말 코끼리

사자 물방개 백두산 기차여행 물방개 지하철 매미

매미 백두산 울릉도 사자 기차여행

울릉도 말 소 지하철 기차여행 말

지하철 기차여행 소 물방개 울릉도

말 사자 소 말 자라 사자

소 지하철 백두산

■ 단어 인지 & 집중력 두뇌 테스트 기록표

 기록이 향상되도록 매회 소요 시간을 꼭 적으세요.

1차 : 개 초	2차 : 개 초	3차 : 개 초
4차 : 개 초	5차 : 개 초	6차 : 개 초
7차 : 개 초	8차 : 개 초	9차 : 개 초
10차 : 개 초	11차 : 개 초	12차 : 개 초
13차 : 개 초	14차 : 개 초	15차 : 개 초
16차 : 개 초	17차 : 개 초	18차 : 개 초
19차 : 개 초	20차 : 개 초	21차 : 개 초
22차 : 개 초	23차 : 개 초	24차 : 개 초
25차 : 개 초	26차 : 개 초	27차 : 개 초
28차 : 개 초	29차 : 개 초	30차 : 개 초

The Super Speed Reading

두뇌체조 글자 색 [집중력 훈련] ②호

다음 글자의 색만 소리내어 읽으세요.[소요 시간은: 30초 내]
예 (파랑) 이 글자는 빨강으로 소리내어 읽으면 됩니다.
＊매회 소요 시간을 기록하여 단축 훈련하세요.

출발 →

노랑	초록	빨강	파랑	빨강
검정	노랑	초록	노랑	초록
파랑	검정	빨강	빨강	노랑
초록	파랑	검정	노랑	파랑
검정	초록	빨강	빨강	초록
빨강	파랑	노랑	파랑	검정
초록	빨강	노랑	노랑	파랑
초록	빨강	검정	초록	빨강
검정	노랑	파랑	파랑	검정
초록	빨강	노랑	검정	파랑

종료 →

| ① 초 | ② 초 | ③ 초 | ④ 초 | ⑤ 초 |
| ⑥ 초 | ⑦ 초 | ⑧ 초 | ⑨ 초 | ⑩ 초 |

■ 스피드 & 집중력 향상을 위한 훈련 기록표

 기록이 향상되도록 매회 소요 시간을 꼭 적으세요.

1차 : 초	2차 : 초	3차 : 초
4차 : 초	5차 : 초	6차 : 초
7차 : 초	8차 : 초	9차 : 초
10차 : 초	11차 : 초	12차 : 초
13차 : 초	14차 : 초	15차 : 초
16차 : 초	17차 : 초	18차 : 초
19차 : 초	20차 : 초	21차 : 초
22차 : 초	23차 : 초	24차 : 초
25차 : 초	26차 : 초	27차 : 초
28차 : 초	29차 : 초	30차 : 초

The Super Speed Reading

■ 스피드 & 집중력 향상을 위한 훈련 기록표

 기록이 향상되도록 매회 소요 시간을 꼭 적으세요.

31차 : 초	32차 : 초	33차 : 초
34차 : 초	35차 : 초	36차 : 초
37차 : 초	38차 : 초	39차 : 초
40차 : 초	41차 : 초	42차 : 초
43차 : 초	44차 : 초	45차 : 초
46차 : 초	47차 : 초	48차 : 초
49차 : 초	50차 : 초	51차 : 초
52차 : 초	53차 : 초	54차 : 초
55차 : 초	56차 : 초	57차 : 초
58차 : 초	59차 : 초	60차 : 초

다섯 줄 글자 인지 훈련

5단계 : 다섯 줄 글자 인지 훈련 설명

1 시점을 중심에 두고 최대한 글자 기호를 명확히 보면서 좌, 우의 진한 색 글자 기호를 순간 인지하면서 아래로 이동한다.

2 시야를 최대한 확보하고 빠른 눈의 움직임과 정확한 글자 인지 능력을 위하여 연속적으로 훈련하게 된다.

3 한 줄 인지 훈련부터 아홉 줄 인지 훈련까지는 단계별로 시야를 점점 확보하여 보다 넓은 시야를 가지고 있어야 한다.

4 실전 문장 훈련에 있어서 글자 군(群)을 형성하면서 마음의 느낌으로 읽어나가게 된다.

5 ①호~⑩호까지 다 이동하면 다시 ①호로 이어져 훈련하다가 1분이 되면 그 위치에 정지한다.

6 점차 시야를 확대하여 넓혀 나간다.

7 1분 단위로 훈련하고 글자 수를 기록한다.

5단계 다섯 줄 글자 기호 인지 훈련 ❶호

시점을 중심에 두고 좌(左)에서 우로, 우(右)에서 좌로 빠르게 이동하세요.

시점

가 → 가 → 가 → 가 → 가 → 가 → 가 → 가 → 가 → 가 → 가 → 가
나 → 나 → 나 → 나 → 나 → 나 → 나 → 나 → 나 → 나 → 나 → 나
다 → 다 → 다 → 다 → 다 → 다 → 다 → 다 → 다 → 다 → 다 → 다
라 → 라 → 라 → 라 → 라 → 라 → 라 → 라 → 라 → 라 → 라 → 라
마 → 마 → 마 → 마 → 마 → 마 → 마 → 마 → 마 → 마 → 마 → 마

60자

바 ← 바 ← 바 ← 바 ← 바 ← 바 ← 바 ← 바 ← 바 ← 바 ← 바 ← 바
사 ← 사 ← 사 ← 사 ← 사 ← 사 ← 사 ← 사 ← 사 ← 사 ← 사 ← 사
아 ← 아 ← 아 ← 아 ← 아 ← 아 ← 아 ← 아 ← 아 ← 아 ← 아 ← 아
자 ← 자 ← 자 ← 자 ← 자 ← 자 ← 자 ← 자 ← 자 ← 자 ← 자 ← 자
차 ← 차 ← 차 ← 차 ← 차 ← 차 ← 차 ← 차 ← 차 ← 차 ← 차 ← 차

120자

카 → 카 → 카 → 카 → 카 → 카 → 카 → 카 → 카 → 카 → 카 → 카
타 → 타 → 타 → 타 → 타 → 타 → 타 → 타 → 타 → 타 → 타 → 타
파 → 파 → 파 → 파 → 파 → 파 → 파 → 파 → 파 → 파 → 파 → 파
하 → 하 → 하 → 하 → 하 → 하 → 하 → 하 → 하 → 하 → 하 → 하
가 → 가 → 가 → 가 → 가 → 가 → 가 → 가 → 가 → 가 → 가 → 가

180자

Ⅷ. 다섯 줄 글자 인지 훈련

The Super Speed Reading

5단계   다섯 줄 글자 기호 인지 훈련 ❷호

시점을 중심에 두고 좌(左)에서 우로, 우(右)에서 좌로 빠르게 이동하세요.

시점
← · →

가→가→가→가→가→가→가→가→가→가→가→가
나→나→나→나→나→나→나→나→나→나→나→나
다→다→다→다→다→다→다→다→다→다→다→다
라→라→라→라→라→라→라→라→라→라→라→라
마→마→마→마→마→마→마→마→마→마→마→마

240자

바←바←바←바←바←바←바←바←바←바←바←바
사←사←사←사←사←사←사←사←사←사←사←사
아←아←아←아←아←아←아←아←아←아←아←아
자←자←자←자←자←자←자←자←자←자←자←자
차←차←차←차←차←차←차←차←차←차←차←차

300자

카→카→카→카→카→카→카→카→카→카→카→카
타→타→타→타→타→타→타→타→타→타→타→타
파→파→파→파→파→파→파→파→파→파→파→파
하→하→하→하→하→하→하→하→하→하→하→하
가→가→가→가→가→가→가→가→가→가→가→가

360자

5단계 다섯 줄 글자 기호 인지 훈련 ❸호

시점을 중심에 두고 좌(左)에서 우로, 우(右)에서 좌로 빠르게 이동하세요.

시점

가→가→가→가→가→가→가→가→가→가→가→가
나→나→나→나→나→나→나→나→나→나→나→나
다→다→다→다→다→다→다→다→다→다→다→다
라→라→라→라→라→라→라→라→라→라→라→라
마→마→마→마→마→마→마→마→마→마→마→마

420자

바←바←바←바←바←바←바←바←바←바←바←바
사←사←사←사←사←사←사←사←사←사←사←사
아←아←아←아←아←아←아←아←아←아←아←아
자←자←자←자←자←자←자←자←자←자←자←자
차←차←차←차←차←차←차←차←차←차←차←차

480자

카→카→카→카→카→카→카→카→카→카→카→카
타→타→타→타→타→타→타→타→타→타→타→타
파→파→파→파→파→파→파→파→파→파→파→파
하→하→하→하→하→하→하→하→하→하→하→하
가→가→가→가→가→가→가→가→가→가→가→가

540자

The Super Speed Reading

5단계 다섯 줄 글자 기호 인지 훈련 ❹호

시점을 중심에 두고 좌(左)에서 우로, 우(右)에서 좌로 빠르게 이동하세요.

시점
← · →

가→가→가→가→가→가→가→가→가→가→가→가
나→나→나→나→나→나→나→나→나→나→나→나
다→다→다→다→다→다→다→다→다→다→다→다
라→라→라→라→라→라→라→라→라→라→라→라
마→마→마→마→마→마→마→마→마→마→마→마

600자

바←바←바←바←바←바←바←바←바←바←바←바
사←사←사←사←사←사←사←사←사←사←사←사
아←아←아←아←아←아←아←아←아←아←아←아
자←자←자←자←자←자←자←자←자←자←자←자
차←차←차←차←차←차←차←차←차←차←차←차

660자

카→카→카→카→카→카→카→카→카→카→카→카
타→타→타→타→타→타→타→타→타→타→타→타
파→파→파→파→파→파→파→파→파→파→파→파
하→하→하→하→하→하→하→하→하→하→하→하
가→가→가→가→가→가→가→가→가→가→가→가

720자

5단계   다섯 줄 글자 기호 인지 훈련 ❺호

시점을 중심에 두고 좌(左)에서 우로, 우(右)에서 좌로 빠르게 이동하세요.

시점
←·→

가→가→가→가→가→가→가→가→가→가→가→가
나→나→나→나→나→나→나→나→나→나→나→나
다→다→다→다→다→다→다→다→다→다→다→다
라→라→라→라→라→라→라→라→라→라→라→라
마→마→마→마→마→마→마→마→마→마→마→마   780자

바←바←바←바←바←바←바←바←바←바←바←바
사←사←사←사←사←사←사←사←사←사←사←사
아←아←아←아←아←아←아←아←아←아←아←아
자←자←자←자←자←자←자←자←자←자←자←자
차←차←차←차←차←차←차←차←차←차←차←차   840자

카→카→카→카→카→카→카→카→카→카→카→카
타→타→타→타→타→타→타→타→타→타→타→타
파→파→파→파→파→파→파→파→파→파→파→파
하→하→하→하→하→하→하→하→하→하→하→하
가→가→가→가→가→가→가→가→가→가→가→가   900자

The Super Speed Reading

5단계   다섯 줄 글자 기호 인지 훈련 ❻호

시점을 중심에 두고 좌(左)에서 우로, 우(右)에서 좌로 빠르게 이동하세요.

시점
← • →

가→가→가→가→가→가→가→가→가→가→가→가
나→나→나→나→나→나→나→나→나→나→나→나
다→다→다→다→다→다→다→다→다→다→다→다
라→라→라→라→라→라→라→라→라→라→라→라
마→마→마→마→마→마→마→마→마→마→마→마

960자

바←바←바←바←바←바←바←바←바←바←바←바
사←사←사←사←사←사←사←사←사←사←사←사
아←아←아←아←아←아←아←아←아←아←아←아
자←자←자←자←자←자←자←자←자←자←자←자
차←차←차←차←차←차←차←차←차←차←차←차

1020자

카→카→카→카→카→카→카→카→카→카→카→카
타→타→타→타→타→타→타→타→타→타→타→타
파→파→파→파→파→파→파→파→파→파→파→파
하→하→하→하→하→하→하→하→하→하→하→하
가→가→가→가→가→가→가→가→가→가→가→가

1080자

5단계   다섯 줄 글자 기호 인지 훈련 ❼호

시점을 중심에 두고 좌(左)에서 우로, 우(右)에서 좌로 빠르게 이동하세요.

시점
← • →

가 → 가 → 가 → 가 → 가 → 가 → 가 → 가 → 가 → 가 → 가 → 가
나 → 나 → 나 → 나 → 나 → 나 → 나 → 나 → 나 → 나 → 나 → 나
다 → 다 → 다 → 다 → 다 → 다 → 다 → 다 → 다 → 다 → 다 → 다
라 → 라 → 라 → 라 → 라 → 라 → 라 → 라 → 라 → 라 → 라 → 라
마 → 마 → 마 → 마 → 마 → 마 → 마 → 마 → 마 → 마 → 마 → 마

1140자

바 ← 바 ← 바 ← 바 ← 바 ← 바 ← 바 ← 바 ← 바 ← 바 ← 바 ← 바
사 ← 사 ← 사 ← 사 ← 사 ← 사 ← 사 ← 사 ← 사 ← 사 ← 사 ← 사
아 ← 아 ← 아 ← 아 ← 아 ← 아 ← 아 ← 아 ← 아 ← 아 ← 아 ← 아
자 ← 자 ← 자 ← 자 ← 자 ← 자 ← 자 ← 자 ← 자 ← 자 ← 자 ← 자
차 ← 차 ← 차 ← 차 ← 차 ← 차 ← 차 ← 차 ← 차 ← 차 ← 차 ← 차

1200자

카 → 카 → 카 → 카 → 카 → 카 → 카 → 카 → 카 → 카 → 카 → 카
타 → 타 → 타 → 타 → 타 → 타 → 타 → 타 → 타 → 타 → 타 → 타
파 → 파 → 파 → 파 → 파 → 파 → 파 → 파 → 파 → 파 → 파 → 파
하 → 하 → 하 → 하 → 하 → 하 → 하 → 하 → 하 → 하 → 하 → 하
가 → 가 → 가 → 가 → 가 → 가 → 가 → 가 → 가 → 가 → 가 → 가

1260자

The Super Speed Reading

5단계   다섯 줄 글자 기호 인지 훈련 ❽호

시점을 중심에 두고 좌(左)에서 우로, 우(右)에서 좌로 빠르게 이동하세요.

시점
← · →

가 → 가 → 가 → 가 → 가 → 가 → 가 → 가 → 가 → 가 → 가 → 가
나 → 나 → 나 → 나 → 나 → 나 → 나 → 나 → 나 → 나 → 나 → 나
다 → 다 → 다 → 다 → 다 → 다 → 다 → 다 → 다 → 다 → 다 → 다
라 → 라 → 라 → 라 → 라 → 라 → 라 → 라 → 라 → 라 → 라 → 라
마 → 마 → 마 → 마 → 마 → 마 → 마 → 마 → 마 → 마 → 마 → 마

1320자

바 ← 바 ← 바 ← 바 ← 바 ← 바 ← 바 ← 바 ← 바 ← 바 ← 바 ← 바
사 ← 사 ← 사 ← 사 ← 사 ← 사 ← 사 ← 사 ← 사 ← 사 ← 사 ← 사
아 ← 아 ← 아 ← 아 ← 아 ← 아 ← 아 ← 아 ← 아 ← 아 ← 아 ← 아
자 ← 자 ← 자 ← 자 ← 자 ← 자 ← 자 ← 자 ← 자 ← 자 ← 자 ← 자
차 ← 차 ← 차 ← 차 ← 차 ← 차 ← 차 ← 차 ← 차 ← 차 ← 차 ← 차

1380자

카 → 카 → 카 → 카 → 카 → 카 → 카 → 카 → 카 → 카 → 카 → 카
타 → 타 → 타 → 타 → 타 → 타 → 타 → 타 → 타 → 타 → 타 → 타
파 → 파 → 파 → 파 → 파 → 파 → 파 → 파 → 파 → 파 → 파 → 파
하 → 하 → 하 → 하 → 하 → 하 → 하 → 하 → 하 → 하 → 하 → 하
가 → 가 → 가 → 가 → 가 → 가 → 가 → 가 → 가 → 가 → 가 → 가

1440자

5단계   다섯 줄 글자 기호 인지 훈련 ❾호

시점을 중심에 두고 좌(左)에서 우로, 우(右)에서 좌로 빠르게 이동하세요.

시점

가→가→가→가→가→가→가→가→가→가→가→가
나→나→나→나→나→나→나→나→나→나→나→나
다→다→다→다→다→다→다→다→다→다→다→다
라→라→라→라→라→라→라→라→라→라→라→라
마→마→마→마→마→마→마→마→마→마→마→마 1500자

바←바←바←바←바←바←바←바←바←바←바←바
사←사←사←사←사←사←사←사←사←사←사←사
아←아←아←아←아←아←아←아←아←아←아←아
자←자←자←자←자←자←자←자←자←자←자←자
차←차←차←차←차←차←차←차←차←차←차←차 1560자

카→카→카→카→카→카→카→카→카→카→카→카
타→타→타→타→타→타→타→타→타→타→타→타
파→파→파→파→파→파→파→파→파→파→파→파
하→하→하→하→하→하→하→하→하→하→하→하
가→가→가→가→가→가→가→가→가→가→가→가 1620자

The Super Speed Reading

5단계 다섯 줄 글자 기호 인지 훈련 ❿호

시점을 중심에 두고 좌(左)에서 우로, 우(右)에서 좌로 빠르게 이동하세요.

시점
← • →

가→가→가→가→가→가→가→가→가→가→가→가
나→나→나→나→나→나→나→나→나→나→나→나
다→다→다→다→다→다→다→다→다→다→다→다
라→라→라→라→라→라→라→라→라→라→라→라
마→마→마→마→마→마→마→마→마→마→마→마

1680자

바←바←바←바←바←바←바←바←바←바←바←바
사←사←사←사←사←사←사←사←사←사←사←사
아←아←아←아←아←아←아←아←아←아←아←아
자←자←자←자←자←자←자←자←자←자←자←자
차←차←차←차←차←차←차←차←차←차←차←차

1740자

카→카→카→카→카→카→카→카→카→카→카→카
타→타→타→타→타→타→타→타→타→타→타→타
파→파→파→파→파→파→파→파→파→파→파→파
하→하→하→하→하→하→하→하→하→하→하→하
가→가→가→가→가→가→가→가→가→가→가→가

1800자

■ 다섯 줄 글자 기호 인지 훈련 기록표

❣ 기록이 향상되도록 1분 단위로 매회 글자 수를 꼭 적으세요.

1차 : 자	2차 : 자	3차 : 자
4차 : 자	5차 : 자	6차 : 자
7차 : 자	8차 : 자	9차 : 자
10차 : 자	11차 : 자	12차 : 자
13차 : 자	14차 : 자	15차 : 자
16차 : 자	17차 : 자	18차 : 자
19차 : 자	20차 : 자	21차 : 자
22차 : 자	23차 : 자	24차 : 자
25차 : 자	26차 : 자	27차 : 자
28차 : 자	29차 : 자	30차 : 자

The Super Speed Reading
글자 인지(認知) 능력 훈련표 2호

훈련 설명

1. 불러 준 훈련 낱말의 단어를 10초 이내 인지하세요.
2. 두 글자 찾기 훈련이 끝나면 세 글자 찾기 훈련으로 하세요.
3. 예를 들어 국어를 찾을 때 "국"보다 "어"를 먼저 찾아도 됩니다.
4. 글자 수가 한 글자 더 늘어나도 10초를 초과할 수 없습니다.
5. 매일 단어를 바꾸어서 꾸준히 훈련하세요.

← 시 점 →

전		즈		할	리	이		인		머
	즈	누	이		정	게	희	바	학	
	니	독		구	리	부		재		태
지	적		동	수	임		스		림	이
화	우	밀		랑	놀		생	과		신
그		체		만	우		퀴	기	초	
	스	말	린	편		시	스		아	기
김	모		배		속		기		제	
	미		편	물		나	비		구	지
	단		나	는		책		발		로
등		찾	화	프		어		인	우	

제일 빠른 속독법 그대로 따라하기(중급)

훈련 낱말 — 두 글자 인지 훈련 소요 시간 기록표

10초가 넘으면 기록하지 마세요.

낱말	1차	2차	3차	4차	5차
놀이	초	초	초	초	초
재미	초	초	초	초	초
비밀	초	초	초	초	초
편지	초	초	초	초	초
아이	초	초	초	초	초
부모	초	초	초	초	초
퀴즈	초	초	초	초	초
게임	초	초	초	초	초
기적	초	초	초	초	초
과학	초	초	초	초	초
인체	초	초	초	초	초
동물	초	초	초	초	초
속독	초	초	초	초	초
그림	초	초	초	초	초
우리	초	초	초	초	초

훈련 낱말 — 세 글자 인지 훈련 소요 시간 기록표

10초가 넘으면 기록하지 마세요.

낱말	1차	2차	3차	4차	5차
어린이	초	초	초	초	초
스펀지	초	초	초	초	초
구구단	초	초	초	초	초
프랑스	초	초	초	초	초
초등생	초	초	초	초	초
신나는	초	초	초	초	초
배우는	초	초	초	초	초
수찾기	초	초	초	초	초
제우스	초	초	초	초	초
만화책	초	초	초	초	초
시리즈	초	초	초	초	초
누구나	초	초	초	초	초
바구니	초	초	초	초	초
할머니	초	초	초	초	초
전화기	초	초	초	초	초

The Super Speed Reading
집중력 향상을 위한 미로찾기(1)

*필기구는 절대로 사용하지 말고 눈으로만 미로를 따라 이동하세요.
*준비! 하면 출발 화살표를 보고 있다가 시작과 동시에 이동하세요.

소요 시간 기록표 (소요 시간 : 7초 내 주파하세요.)

1차 : 초	2차 : 초	3차 : 초	4차 : 초	5차 : 초
6차 : 초	7차 : 초	8차 : 초	9차 : 초	10차 : 초

집중력 향상을 위한 미로찾기(2)

* 필기구는 절대로 사용하지 말고 눈으로만 미로를 따라 이동하세요.
* 준비! 하면 출발 화살표를 보고 있다가 시작과 동시에 이동하세요.

소요 시간 기록표 (소요 시간 : 10초 내 주파하세요.)

1차 : 초	2차 : 초	3차 : 초	4차 : 초	5차 : 초
6차 : 초	7차 : 초	8차 : 초	9차 : 초	10차 : 초

Ⅷ. 다섯 줄 글자 인지 훈련

The Super Speed Reading

집중력 향상을 위한 미로찾기(3)

* 필기구는 절대로 사용하지 말고 눈으로만 미로를 따라 이동하세요.
* 준비! 하면 출발 화살표를 보고 있다가 시작과 동시에 이동하세요.

출발

성공

소요 시간 기록표 (소요 시간 : 20초 내 주파하세요.)

1차 : 초	2차 : 초	3차 : 초	4차 : 초	5차 : 초
6차 : 초	7차 : 초	8차 : 초	9차 : 초	10차 : 초

The Super Speed Reading

■ 훈련 기록표

💙 기록이 향상되도록 매회 소요 시간을 꼭 적으세요.

1차 : 초	2차 : 초	3차 : 초
4차 : 초	5차 : 초	6차 : 초
7차 : 초	8차 : 초	9차 : 초
10차 : 초	11차 : 초	12차 : 초
13차 : 초	14차 : 초	15차 : 초
16차 : 초	17차 : 초	18차 : 초
19차 : 초	20차 : 초	21차 : 초
22차 : 초	23차 : 초	24차 : 초
25차 : 초	26차 : 초	27차 : 초
28차 : 초	29차 : 초	30차 : 초

Ⅷ. 다섯 줄 글자 인지 훈련

The Super Speed Reading

■ 훈련 기록표

💙 기록이 향상되도록 매회 소요 시간을 꼭 적으세요.

31차 : 초	32차 : 초	33차 : 초
34차 : 초	35차 : 초	36차 : 초
37차 : 초	38차 : 초	39차 : 초
40차 : 초	41차 : 초	42차 : 초
43차 : 초	44차 : 초	45차 : 초
46차 : 초	47차 : 초	48차 : 초
49차 : 초	50차 : 초	51차 : 초
52차 : 초	53차 : 초	54차 : 초
55차 : 초	56차 : 초	57차 : 초
58차 : 초	59차 : 초	60차 : 초

IX

다섯 줄 글자 내용 인지 훈련

- 황금알을 낳는 닭
- 영리한 매미와 여우
- 두더지와 은혜를 모르는 고슴도치

글자 내용 인지 훈련 ❶호

시점을 한 줄의 횡 중심에 두고 ⤴방향으로 내용을 빠르게 순간 인지하면서 수직으로 이동한다.

【황금알을 낳는 닭】　　　　　총 글자 수 : 874자

어느 시골에 가난한 농부가 살고 있었습니다.
농부는 병아리 한 마리를 시장에서 사 가지고 왔습니다.
그 병아리 한 마리를 온갖 정성을 다하여 먹이도 주고 물도 주고 아주 열심히 키웠습니다.
어느덧 무럭무럭 자라 일 년이 넘어 큰 닭이 되었습니다.

98자

그 닭은 암탉이어서 알을 낳을 수가 있었습니다.
어느 날 기르던 암탉이 알을 하나 낳았는데 놀랍게도 황금알을 낳은 것이었습니다.
주인은 너무 기뻐서 어찌할 바를 몰랐습니다.
황금알을 팔면 돈을 많이 받을 수 있기 때문이지요.

188자

주인은 암탉만 있으면 큰 부자가 될 수 있을 것이라 생각하며 너무 좋아했습니다.
그 암탉은 농부네 보물과 같은 것이었습니다. 하루도 어김없이 날마다 황금알을 하나씩 낳아 주는 그 암탉이 너무나 고마웠습니다.
주인은 그 닭 때문에 부족한 것 없이 좋은 옷에 여러 가지

294자

The Super Speed Reading
글자 내용 인지 훈련 ❷호

시점을 한 줄의 횡 중심에 두고 ⌇방향으로 내용을 빠르게 순간 인지하면서 수직으로 이동한다.

맛있는 음식만 먹고 호화로운 생활을 하였습니다.
그 마을 사람들은 모두 황금알을 낳아 주는 암탉 주인을 부러워했지만 그 닭 주인은 항상 불안해했습니다.
누가 그 닭을 몰래 훔쳐가지 않을까 늘 걱정이 되었습니다. 그래서 잠시도 집을 비우는 일이 거의 없었습니다.

399자

돈은 많이 있는데 어디 편하게 놀러 한번 나갈 수도 없고, 어떻게 하면 돈을 빨리 그리고 많이 벌어서 편안히 놀러나 다니겠다는 생각에 주인은 욕심이 생겼습니다.
알을 한 번에 많이 낳아 주면 좋겠는데 그 암탉은 하루에 한 개씩만 황금알을 낳아 주는 것이 늘 불만스러웠습니다.

508자

암탉 주인이 생각하기를 닭의 뱃속에는 황금알이 가득 들어 있을 것이라 생각하고 있었습니다.
그 닭 속의 황금알을 한 번에 다 꺼내면 금방 부자가 될 텐데 하며 이리저리 궁리를 하였습니다.
암탉 주인은 며칠 동안 곰곰이 생각을 해 보았습니다.

604자

글자 내용 인지 훈련 ❸호

시점을 한 줄의 횡 중심에 두고 ⌇방향으로 내용을 빠르게 순간 인지하면서 수직으로 이동한다.

"앗! 이러면 되겠다!"
그 닭을 잡아서 뱃속에 있는 황금알을 모두 꺼내서 팔면 금방 부자가 되겠다고 생각하였습니다.
주인은 닭을 잡기 위해서 하루종일 이리 뛰고 저리 뛰고 하여서 겨우 암탉을 잡았습니다.

684자

그래서 마음먹은 대로 암탉의 배를 칼로 갈랐습니다.
"아! 그런데 이럴 수가 ……"
암탉의 뱃속에는 황금알이 가득 들어있을 것이라 생각했던 기대와는 달리 하나도 보이지 않았습니다.
이 일을 어찌하면 좋을까? 너무나 허무하기만 하였습니다.

777자

그나마 황금알을 매일 하나씩 낳아 주던 암탉은 그만 피를 흘리며 죽고 말았습니다.
주인은 내가 너무 큰 욕심을 부렸다면서 후회를 했습니다.
한꺼번에 많은 돈을 벌려다가 오히려 가지고 있는 것마저 모두 잃어버린다는 교훈적인 이야기입니다.

874자

The Super Speed Reading
글자 내용 인지 훈련 ❹호

시점을 한 줄의 횡 중심에 두고 ∫ 방향으로 내용을 빠르게 순간 인지하면서 수직으로 이동한다.

영리한 매미와 여우   총 글자 수 : 560자

날씨가 더운 어느 여름날이었습니다.
배고픈 여우가 나무 그늘에서 잠시 쉬고 있는 중이었습니다.
너무 배가 고파서 이리저리 먹을 것이 있나 찾아보고 있던 중
나무 위에서 매미가 노래를 부르고 있었습니다.
여우는 매미의 노랫소리가 귀에 들려왔습니다.   101자

배도 고픈데 저 위에 있는 매미란 녀석을 잡아먹어 버려야겠다고
생각하였습니다.
그런데 여우는 나무 위로 올라갈 수가 없었습니다.
어떻게 하면 잡아먹을 수 있을까 하고 나무 밑에서 노래하는 매미
만 쳐다보고 있었습니다.   190자

여우는 매미에게 말을 걸었습니다.
"매미야 너의 그 고운 목소리는 정말 아름답구나!
잠시 이 아래로 내려와서 너의 얼굴을 보고 싶구나!
너의 모습도 목소리처럼 아름다운지 말이다."
그러나 영리한 매미는 여우의 간사하고 엉큼한 마음을 금방   285자

글자 내용 인지 훈련 ❺호

시점을 한 줄의 횡 중심에 두고 ⌇방향으로 내용을 빠르게 순간 인지하면서 수직으로 이동한다.

알아차렸습니다.
매미는 "그래 그럼 내가 내려갈게." 하면서 발로 낙엽 하나를 따서 아래로 떨어뜨렸습니다.
여우는 떨어지는 낙엽을 쳐다보고 있다가 가까이 내려오는 순간 매미인 줄 알고 재빨리 앞발로 움켜잡았습니다.

372자

아! 그런데 발에 움켜진 것은 낙엽이었습니다.
이 광경을 본 매미는 나무 위에서 비웃으면서 여우에게 놀리면서 말했습니다.
"내가 그렇게 쉽게 속을 줄 알았나 보지요.
나는 그전에 당신들의 똥을 본적이 있어요.

454자

그 똥 속에서 우리 매미들의 날개가 섞여 있는 것을 보았지요.
여우들이 우리를 잡아먹는구나 생각했지요.
그때부터 우리 매미들은 당신들을 조심하게 되었어요."
앞으로는 여우들에게 절대 속지 않을 것이라고 충고의 말을 던지고 매미는 어디론가 날아가 버렸습니다.

560자

The Super Speed Reading
글자 내용 인지 훈련 ❻호

시점을 한 줄의 횡 중심에 두고 ⌇방향으로 내용을 빠르게 순간 인지하면서 수직으로 이동한다.

【두더지와 은혜를 모르는 고슴도치】 총 글자 수 : 1,503자

어느덧 낙엽 지는 가을도 점점 멀어져만 가고 앙상한 나뭇가지에
마지막 남은 잎사귀까지 떨어지는 싸늘한 계절이 돌아왔습니다.
이 느낌은 겨울이 서서히 오고 있다는 징조입니다.
아직까지 집을 구하지 못한 고슴도치 한 마리가 낙엽이 쌓인 숲 속
을 이리저리 집을 찾아 헤매고 있었습니다.

115자

다른 동물들과 친구들은 벌써 월동 준비를 모두 끝내고 각자 자기
집에 들어가 쉬고 있었습니다.
그런데 이 고슴도치만 지금까지도 자기 집을 장만하지 못하고 있었
으니 정말 큰일입니다.
조금 있으면 추운 겨울이 돌아올 것인데 하면서……

208자

고슴도치는 너무나 걱정이 되었습니다.
그리고 다시 힘을 내어 집을 찾으러 다니고 있었습니다.
아무리 찾아봐도 겨울을 지낼 마땅한 집은 없었습니다.
고슴도치의 몸을 스치는 지나가는 바람은 점점 세차게 불어오면서
공기는 차가워지고 있었습니다.

308자

글자 내용 인지 훈련 ❼호

시점을 한 줄의 횡 중심에 두고 ⌇방향으로 내용을 빠르게 순간 인지하면서 수직으로 이동한다.

아! 그런데 조금 있으니까 하늘에서 흰 눈이 훨훨 날리기 시작하였습니다. "이거 안 되겠구나!"
"나도 추운 겨울이 오기 전에 빨리 집을 구해야겠다."
하면서 주위를 두리번거리다가 고슴도치는 저 앞에 보이는 큰 바위 밑에 조그만 구멍 하나를 발견하였습니다.

408자

"저기가 좋겠군." 하면서 그곳으로 발길을 옮기여 갔습니다.
그곳에 도착하여 구멍 속을 들여다보니 그 속에는 뱀이 겨울잠을 자기 위해 여러 마리가 서로 엉겨 있었습니다.
하는 수 없이 고슴도치는 다른 곳으로 발길을 돌렸습니다.
한참 동안 걸어가는데 큰 고목 나무 하나가 있었습니다.

520자

그 나무에 조그마한 구멍을 발견하였습니다.
"아! 저기에서 올 겨울을 지내면 되겠구나!"
그렇게 생각하고 얼른 그쪽으로 달려가 가만히 구멍 안을 들려다보니 벌써 다람쥐 부부가 살고 있었습니다.
고슴도치는 마음이 급해졌습니다.

611자

The Super Speed Reading
글자 내용 인지 훈련 ❽호

시점을 한 줄의 횡 중심에 두고 방향으로 내용을 빠르게 순간 인지하면서 수직으로 이동한다.

눈발은 점점 커져만 가고 하늘에서는 눈이 사정없이 펑펑 쏟아져 내리고 있었습니다.
땅 바닥에는 하얀 눈이 쌓여만 가고 있었습니다.
고슴도치는 눈을 맞으면서 계속 걸었습니다.
그런데 숲 속에서 또 작은 구멍 하나를 발견하였습니다.

704자

이제는 발도 시리고 다리도 아프고 몸은 점점 추어만 가고 더 이상 걸어갈 수도 없는 상태였습니다.
이번만큼은 아무도 없기 바라면서 구멍 안을 조심스럽게 들여다보니 그 속에는 두더지 한 마리가 살고 있었습니다.
이제는 너무 추어서 더 이상 걸어다닐 수도 없었습니다.

811자

고슴도치는 두더지 아저씨에게 사정하기로 하였습니다.
"두더지님! 두더지님! 죄송하지만 잠시만 이곳에서 잠시 쉬어갈 수 있게 해주세요."
"춥고 발도 시리고 더 이상 움직일 수가 없어서 그래요."
"제발 부탁이에요. 잠시만 쉬었다 가게 해 주세요.

906자

글자 내용 인지 훈련 ❾호

시점을 한 줄의 횡 중심에 두고 ⤵방향으로 내용을 빠르게 순간 인지하면서 수직으로 이동한다.

눈이 그치는 대로 바로 나가겠습니다."
고슴도치는 두더지 아저씨에게 통사정을 하였습니다.
두더지 아저씨는 고슴도치가 너무나 불쌍해서 잠시만 있기로 허락을 했습니다.
"고슴도치야! 이곳이 좀 좁기는 하지만 어서 들어오너라."

977자

"예, 고맙습니다." 인사를 하며 안으로 들어갔습니다.
그러나 생각보다 너무 좁았지만 친절하신 두더지 아저씨 때문에 고슴도치는 편하게 쉬고 있었습니다.
그러나 두더지 아저씨는 너무나 불편해 하였습니다.
고슴도치의 가시가 두더지 아저씨의 피부를 슬쩍 건드리니

1,103자

조금씩 몸을 움츠리며 자리에서 점점 멀리 피했습니다.
고슴도치의 자리는 더욱 넓어져 아주 편해졌습니다.
그러는 동안 밖에는 눈이 그치고 햇볕이 났습니다.
그런데 고슴도치는 여전히 나갈 생각을 하지 않고 가만히 앉아 졸고 있었습니다.

1,198자

The Super Speed Reading
글자 내용 인지 훈련 ❿호

시점을 한 줄의 횡 중심에 두고 ⤴방향으로 내용을 빠르게 순간 인지하면서 수직으로 이동한다.

두더지는 구석에 계속 쪼그리고 앉아 있으려니 너무 불편하고 참다
못하여 화까지 났습니다.
"야! 고슴도치야 넌 미안하지도 않느냐!
네 몸에 난 가시에 찔려서 나는 견딜 수가 없구나!
이젠 밖에 눈도 그쳤으니 내 집에서 썩 나가라.

1,287자

너 때문에 내가 너무 불편해서 도저히 참을 수가 없단다."
"아저씨! 저는 괜찮은데요. 불편한 것도 없으니까요.
이곳이 아주 편하거든요. 저는 여길 나가기가 싫어요.
정 그렇게 불편하시면 두더지 아저씨가 이곳을 떠나시면 되지 않아
요. 저는 하나도 불편한 것 없으니까요."

1,392자

"아니 이 못된 녀석 봤나. 불쌍해서 잠시 쉬어가라 했는데 이젠 내
집마저 빼앗으려 하다니 어서 썩 나가거라."
은혜도 모르는 고슴도치는 꼼짝도 하지 않고 있었습니다.
결국 견디다 못해 마음씨 착한 두더지 아저씨는 자기 집을 고슴도
치에게 내 주고 떠났다는 안타까운 이야기입니다.

1,503자

■ 다섯 줄 글자 내용 인지 훈련 기록표

다섯 줄 전체 총 글자 수 : 2,937자

기록이 향상되도록 매회 소요 시간을 꼭 적으세요.

1차 : 분 초	2차 : 분 초	3차 : 분 초
4차 : 분 초	5차 : 분 초	6차 : 분 초
7차 : 분 초	8차 : 분 초	9차 : 분 초
10차 : 분 초	11차 : 분 초	12차 : 분 초
13차 : 분 초	14차 : 분 초	15차 : 분 초
16차 : 분 초	17차 : 분 초	18차 : 분 초
19차 : 분 초	20차 : 분 초	21차 : 분 초
22차 : 분 초	23차 : 분 초	24차 : 분 초
25차 : 분 초	26차 : 분 초	27차 : 분 초
28차 : 분 초	29차 : 분 초	30차 : 분 초

The Super Speed Reading

■ 다섯 줄 글자 내용 인지 훈련 기록표

다섯 줄 전체 총 글자 수 : 2,937자

기록이 향상되도록 매회 소요 시간을 꼭 적으세요.

31차 : 분 초	32차 : 분 초	33차 : 분 초
34차 : 분 초	35차 : 분 초	36차 : 분 초
37차 : 분 초	38차 : 분 초	39차 : 분 초
40차 : 분 초	41차 : 분 초	42차 : 분 초
43차 : 분 초	44차 : 분 초	45차 : 분 초
46차 : 분 초	47차 : 분 초	48차 : 분 초
49차 : 분 초	50차 : 분 초	51차 : 분 초
52차 : 분 초	53차 : 분 초	54차 : 분 초
55차 : 분 초	56차 : 분 초	57차 : 분 초
58차 : 분 초	59차 : 분 초	60차 : 분 초

실전 속독 이해도 테스트 (5)

이해도 테스트는 초등생이 꼭 읽어야 할 필독서인
삼국유사 중에서 만들었습니다.

삼국유사는 고구려, 백제, 신라의 역사와 그 시대의 세 나라에서 일어난
여러 가지 신비스러운 일들을 기록한 아주 귀중한 책입니다.

삼국유사는 백성들의 입에서 입으로 전해 내려오는 야사
(민가에서 사사로이 기록한 역사)를 모아서 엮은 책입니다.

우리 민족의 신화, 전설 등을 일일이 수집하여 비평이나
해설 없이 써서 엮은 책이 바로 삼국유사입니다.

이 책은 재미도 있으면서 청소년 시기에는 누구나 한 번쯤 부담 없이
꼭 읽어야 할 책입니다.

속독 이해도 테스트 ⑨
삼국유사 중에서 : 선덕여왕의 세 가지 예언

※ 우화: 교훈적이고 풍자적인 내용을 동식물 등에 빗대어 엮은 이야기입니다.

속독 이해도 테스트 ⑩
세계 여러 나라의 우화 중에서 : 노파와 두 직녀

실전 속독 이해도 테스트 ❾

선덕여왕의 세 가지 예언

총 글자 수 : 1,171자

신라는 모두 56명의 왕이 있었고, 선덕여왕은 27대 왕입니다. 아들이 없는 진평왕의 큰딸로 덕만공주이며, 서기 632년 진평왕이 세상을 떠나자 화백 회의에서 임금으로 추대되었습니다.

왕위를 계승한지 16년 동안 선덕여왕은 앞으로 닥쳐올 세 건의 일을 미리 예언하게 됩니다. 첫 번째 일화로, 당나라의 태종이 사신을 시켜 선덕여왕에게 선물을 보냈습니다. 빨강, 자주, 흰색의 탐스러운 모란꽃이 그려진 그림과 각 색의 모란 씨앗을 석 되나 보냈습니다. 선덕여왕은 모란꽃 그림을 보고,

"꽃은 아름답지만 향기가 없다." 신하들은 그 말을 믿지 않았습니다. 그 모란 꽃씨를 대궐의 뜰에 심어 열심히 가꾸자 모란꽃은 쑥쑥 자라 꽃이 피게 되었습니다. 그런데 화려한 모란꽃에서 향기가 나지 않았습니다.

"어떻게 모란꽃 그림만 보고 향기가 없는 것을 아셨

The Super Speed Reading

습니까?"

"모란꽃 그림에는 나비와 벌이 그려 있지 않았소."

신하들은 여왕의 총명함에 놀랐습니다.

두 번째로는, 왕위에 오른 지 5년이 지난 어느 추운 겨울날이었습니다. 영묘사에 옥문지라는 커다란 연못이 있었습니다. 그 연못에는 추운 겨울인데도 개구리들이 수십 마리가 모여들어 약 3~4일 동안 계속 개골개골 울어댔습니다. 신하들이 괴상하다하여 선덕여왕께 이 사실을 알렸습니다. 그 이야기를 들은 여왕은 급히 각간(이벌찬) 벼슬에 있는 알천과 필탄 장군에게 명령합니다.

"군사를 2천 명을 모아서 서쪽으로 가시오."

"그곳으로 가서 여근곡이라는 곳을 찾아서 살펴보면 반드시 적군이 숨어 있을 것이니 단숨에 적을 무찌르고 오도록 하시오."

명령을 받은 두 장군은 일천 명씩 군사를 나누어서 서쪽으로 달려갔습니다. 그곳에는 정말 여근곡이란 골짜기가 있었습니다. 그곳을 조심스럽게 살펴보니 백제의 군사 5백여 명이 숨어 있었습니다. 두 장군은 적군을 포위하여 데리고 간 병사들에게 일제히 활을 쏘아 공격하라고 명령하였습니다. 백제군은 장군 우소를 비롯하여 죽었고 뒤따라온 백제군 1천2백 명을 하나도 놓치지 않고 모두 무찔렀습니다.

신하들은 선덕여왕께 물어보았습니다.

"어떻게 적군이 숨어 있는 곳을 아셨습니까?" 하고 물어보니 선덕여왕은 "개구리의 성난 듯이 불거진 눈은 적군을 뜻하는 것이고, 여근곡은 음양의 이치를 따져서 알았노라."고 대답하였습니다.

세 번째의 일화는 자신의 죽을 날짜를 예언한 일입니다. 선덕여왕은 몸도 건강하고 병도 없는데 어느 날 신하들을 불렀습니다.

"나는 어느 해, 어느 달, 어느 날짜에 죽을 것이니, 내가 세상을 떠나면 나를 도리천 가운데 장사를 지내달라."고 부탁하였습니다.

"여왕님! 도리천이 어디 있습니까?"
" 도리천은 남산의 남쪽 비탈에 있소."

선덕여왕은 왕위에 오른 지 16년 만에 예언한 날짜가 되자 세상을 떠나고 말았습니다. 신하들은 여왕의 유언대로 남산의 남쪽 비탈에 장사를 지냈습니다.

그로부터 몇 십 년 후에 문무왕 때 선덕여왕의 무덤 아래 사천왕사라는 절을 지었습니다. 불교에서는 사천왕천 위에 도리천이 있다고 합니다. 그제야 선덕여왕의 세 가지 예언이 신통하게 딱 맞았다는 것을 알았습니다. 신라시대에는 선덕여왕, 진덕여왕, 진성여왕 세 여왕이 있었습니다. 그 중 선덕여왕이 당나라에 사신을 보낸 외교적 노력과 총명한 여왕으로 전해옵니다. 분황사, 첨성대 등이 선덕여왕 때 만들어진 우리의 문화유산입니다.

The Super Speed Reading

문제풀이

1. 아래 다섯 문제 중에서 3문제 이상을 맞추어야 합니다.
2. 틀린 문제는 다시 한 번 속독으로 읽으면서 확인하세요.
3. 반복하여 훈련, 소요 시간을 단축하세요.
4. 정답은 1회만 맞추어 보고, 2회 째부터 실전 속독 스피드 훈련만 하세요.

이해력 테스트 ## 선덕여왕의 세 가지 예언

1. 첫 번째 일화 중 선덕여왕이 무엇을 보고 모란꽃이 향기가 없다는 것을 알았나요? (　　)
   ① 꽃의 색을 보고.　　　　② 벌과 나비가 없는 것을 보고.
   ③ 꽃의 크기를 보고.　　　④ 벌과 나비가 있는 것을 보고.

2. 두 번째 일화 중 추운 겨울인데 영묘사의 연못에 많이 모여든 것은? (　　)
   ① 자라　　② 잉어　　③ 금붕어　　④ 개구리

3. 세 번째 일화 중 선덕여왕이 죽으면 장사를 지내달라고 부탁한 장소는? (　　)
   ① 두리천　　② 사대천　　③ 도리천　　④ 산사천

4. 선덕여왕은 어느 시대의 왕입니까? (　　)
   ① 조선시대　　② 고려시대　　③ 신라시대　　④ 백제시대

5. 첨성대는 어느 왕 때의 문화유산입니까? (　　)
   ① 진평왕　　　　　　　② 진덕여왕
   ③ 진성여왕　　　　　　④ 선덕여왕

선덕여왕의 세 가지 예언 : 실전 속독 스피드 훈련 기록표

 실력이 향상되도록 매회 소요 시간을 꼭 기록하세요.

1차 : 분 초	2차 : 분 초	3차 : 분 초
4차 : 분 초	5차 : 분 초	6차 : 분 초
7차 : 분 초	8차 : 분 초	9차 : 분 초
10차 : 분 초	11차 : 분 초	12차 : 분 초
13차 : 분 초	14차 : 분 초	15차 : 분 초
16차 : 분 초	17차 : 분 초	18차 : 분 초
19차 : 분 초	20차 : 분 초	21차 : 분 초
22차 : 분 초	23차 : 분 초	24차 : 분 초
25차 : 분 초	26차 : 분 초	27차 : 분 초
28차 : 분 초	29차 : 분 초	30차 : 분 초

노파와 두 직녀

총 글자 수 : 750자

어떤 나라에 욕심 많은 노파가 있었다. 노파의 집에는 솜씨 좋은 두 직녀가 있었는데 그들은 아침부터 밤까지 쉬지 않고 베를 짰다. 두 직녀가 짜는 직물은 그 무늬나 광택, 매끄러움이 다른 것과는 비할 수 없을 정도로 아름다웠기 때문에 시장에 가지고 나가면 팔 곳이 얼마든지 있었다. 아무리 많이 만들어도 모두 다 팔 수 있었기 때문에 욕심 많은 노파는 두 직녀를 더욱 혹사시켜 쉬지 않고 계속 일을 하게 하였다.

이 두 직녀가 도대체 언제부터 노파의 집에서 노예처럼 혹사당하고 있는지, 어떤 사정으로 그렇게 됐는지는 모른다. 두 직녀가 철이 들었을 때는 이미 노파의 집에서 매일 베틀을 다루고 있었던 것이다.

이 노파는 옛날부터 자신의 집에서 짠 직물을 팔아 생계를 이어왔다. 소문에 따르면 젊은 시절에는 노파 자신도 훌륭한 직물을 짜는 직녀였다고 한다. 노파는 고아였던 두 여자 아이를 거두어 기술을 가르치면서 서서히 자신은 일을 하지 않게 되었다는 것이다. 하여간에 두 직녀는 어린 시절에도 놀지 못했고 한창 사랑을 꿈꿀 나이가 되어도 하루도 쉬

지 못하고 일만 하고 있었다. 그 때문에 바깥 세상에 대해서는 전혀 모르고 있었다.

성숙한 어른이 된 지금도 매일 베틀만 만지는 생활을 하고 있었으므로 좀 더 쉬고 싶다, 실컷 잠자고 싶다는 마음은 있었지만, 이 세상을 다르게 사는 방법이 있다는 것은 전혀 알지 못했다. 이 두 직녀는 세상을 알 기회도 없었으며 방법도 몰랐다. 아침부터 밤까지 일만 하다가 지쳐 다른 상상을 할 여유가 없었기 때문에 매일 노파를 욕하거나 불평하기는 해도 노파의 집을 떠나 산다는 것은 생각지도 못하였다.

두 직녀는 용모가 아름답고 또 누구보다도 베틀을 잘 다뤘으므로 얼마든지 좋은 길이 열려 있었지만 그 길이 있다는 것조차 모르니 별수가 없었다.

불쌍하게도 두 직녀가 생각해 낸 것은 매일 새벽마다 우는 닭만 없애면 좀 더 오랜 시간 잠잘 수 있다는 것이었고, 그래서 직녀들은 닭을 죽여 버렸다.

그러나 그렇게 하여 얻은 결과는 더 괴로운 것이었다. 새벽을 알리는 닭이 죽어버리자, 탐욕스러운 노파는 채 날이 새기도 전에 두 직녀를 깨워서 일을 시켰던 것이다.

The Super Speed Reading

문제풀이

1. 아래 세 문제 중에서 2문제 이상을 맞추어야 합니다.
2. 틀린 문제는 다시 한 번 속독으로 읽으면서 확인하세요.
3. 반복하여 훈련, 소요 시간을 단축하세요.
4. 정답은 1회만 맞추어 보고, 2회 째부터 실전 속독 스피드 훈련만 하세요.

이해력 테스트 ## 노파와 두 직녀

1. 욕심 많은 노파가 베를 잘 짜는 두 직녀에게 대한 태도는? (   )
 ① 조금씩 쉬게 하였다.
 ② 잠을 푹 자게 하였다.
 ③ 간식을 많이 주고 일을 시켰다.
 ④ 혹사시켜 쉬지 않고 일을 하게 하였다.

2. 일을 너무 많이 해 지친 두 직녀는 매일 새벽마다 우는 닭을 어떻게 하였나요? (   )
 ① 집 밖으로 내다 버렸다.
 ② 죽여 버렸다.
 ③ 노파 몰래 잡아먹었다.
 ④ 닭을 보면서 욕하거나 불평을 했다.

3. 새벽을 알리는 닭이 없어지자 노파는 어떻게 행동했나요? (   )
 ① 날이 밝기 전에 두 직녀를 깨워서 일을 시켰다.
 ② 닭이 없어졌으니, 아침이 언제 밝는지 알 턱이 없었다.
 ③ 두 직녀는 죄책감으로 스스로 일어나 일을 했다.
 ④ 닭을 없앤 결과를 대단히 즐거워했다.

노파와 두 직녀 : 실전 속독 스피드 훈련 기록표

 실력이 향상되도록 매회 소요 시간을 꼭 기록하세요.

1차 : 분 초	2차 : 분 초	3차 : 분 초
4차 : 분 초	5차 : 분 초	6차 : 분 초
7차 : 분 초	8차 : 분 초	9차 : 분 초
10차 : 분 초	11차 : 분 초	12차 : 분 초
13차 : 분 초	14차 : 분 초	15차 : 분 초
16차 : 분 초	17차 : 분 초	18차 : 분 초
19차 : 분 초	20차 : 분 초	21차 : 분 초
22차 : 분 초	23차 : 분 초	24차 : 분 초
25차 : 분 초	26차 : 분 초	27차 : 분 초
28차 : 분 초	29차 : 분 초	30차 : 분 초

The Super Speed Reading

글자 인지 시야 확대 [4글자~6글자] 훈련 ❷

* 시점은 책을 펼쳐서 두 쪽 중심의 제본선 상단에 위치하세요.
* 머리는 고정하고 안구를 움직여 좌(左)·우(右)의 글자를 인지하세요.

← 시

공중전화	←--④--④--④--④--④--
도토리묵	←--④--④--④--④--④--
국어사전	←--④--④--④--④--④--

흥부와 놀부	←--⑤--⑤--⑤--⑤--⑤
콩나물 시루	←--⑤--⑤--⑤--⑤--⑤
달리는 기차	←--⑤--⑤--⑤--⑤--⑤

광화문 네거리	←--⑥--⑥--⑥--⑥--
코끼리 아저씨	←--⑥--⑥--⑥--⑥--
가을비 우산 속	←--⑥--⑥--⑥--⑥--

The Super Speed Reading

중급 기초 훈련

* 턱을 아래로 당긴 상태에서 훈련하세요.
* 글자 네 자~여섯 자까지 아래로 이동하여 10회까지 반복 훈련하세요.
* 시간이 단축 될 수 있도록 매번 소요 시간을 꼭 기록하세요.

점 →

--④--④--④--④--④--→ 공중전화
--④--④--④--④--④--→ 도토리묵
--④--④--④--④--④--→ 국어사전

⑤--⑤--⑤--⑤--⑤--→ 흥부와 놀부
⑤--⑤--⑤--⑤--⑤--→ 콩나물 시루
⑤--⑤--⑤--⑤--⑤--→ 달리는 기차

--⑥--⑥--⑥--⑥--→ 광화문 네거리
--⑥--⑥--⑥--⑥--→ 코끼리 아저씨
--⑥--⑥--⑥--⑥--→ 가을비 우산 속

The Super Speed Reading

■ 시야 확대 4글자~6글자 인지 훈련 기록표

기록이 향상되도록 매회 소요 시간을 꼭 적으세요.

1차 : 초	2차 : 초	3차 : 초
4차 : 초	5차 : 초	6차 : 초
7차 : 초	8차 : 초	9차 : 초
10차 : 초	11차 : 초	12차 : 초
13차 : 초	14차 : 초	15차 : 초
16차 : 초	17차 : 초	18차 : 초
19차 : 초	20차 : 초	21차 : 초
22차 : 초	23차 : 초	24차 : 초
25차 : 초	26차 : 초	27차 : 초
28차 : 초	29차 : 초	30차 : 초

The Super Speed Reading

집중력
두뇌 운동 테스트
글자 인지 · 색 훈련

X. 실전 속독 이해도 테스트(5)

The Super Speed Reading

>>> 단어 인지 집중력 두뇌 테스트   훈련 3호

- 선택된 단어 하나를 주시하고 있다가 시작과 동시에 인지하세요.
- 아래의 같은 단어를 (10초 이내) 인지하면서 개수를 세어서 기록하세요.
- 시점을 중심에 두고 한 줄씩 빠르게 인지하여 수직으로 이동하세요.
- 개수가 맞는지 다시 한 번 천천히 확인하세요.

송아지 책 시금치

오이 팔도강산 자전거 오이

토마토 송아지 시금치 호랑이

시금치 송아지 토마토 나비 백합

백합 꿀 토마토 자전거 호랑이 코끼리 책

나비 송아지 나비 시금치 호랑이 오이 백합

팔도강산 시금치 백합 한라산 오이 꿀 송아지 호랑이

토마토 곰 자전거 시금치 백합 팔도강산 코끼리

호랑이 백합 팔도강산 토마토 송아지

꿀 호랑이 시금치 책 무지개 팔도강산

팔도강산 곰 송아지 시금치 토마토

곰 책 나비 꿀 토마토 오이

시금치 책 자전거

단어 인지 & 집중력 두뇌 테스트 기록표

 기록이 향상되도록 매회 소요 시간을 꼭 적으세요.

1차 : 개 초	2차 : 개 초	3차 : 개 초
4차 : 개 초	5차 : 개 초	6차 : 개 초
7차 : 개 초	8차 : 개 초	9차 : 개 초
10차 : 개 초	11차 : 개 초	12차 : 개 초
13차 : 개 초	14차 : 개 초	15차 : 개 초
16차 : 개 초	17차 : 개 초	18차 : 개 초
19차 : 개 초	20차 : 개 초	21차 : 개 초
22차 : 개 초	23차 : 개 초	24차 : 개 초
25차 : 개 초	26차 : 개 초	27차 : 개 초
28차 : 개 초	29차 : 개 초	30차 : 개 초

The Super Speed Reading

글자 색 [집중력 훈련] ③호

다음 글자의 색만 소리내어 읽으세요. [소요 시간은: 30초 내]
(빨강) 이 글자는 노랑으로 소리내어 읽으면 됩니다.
* 매회 소요 시간을 기록하여 단축 훈련하세요.

출발 →

빨강	파랑	빨강	검정	노랑
초록	노랑	초록	빨강	검정
빨강	빨강	노랑	초록	파랑
검정	노랑	파랑	검정	초록
빨강	검정	초록	빨강	파랑
노랑	파랑	검정	초록	빨강
노랑	노랑	파랑	초록	빨강
검정	초록	빨강	검정	노랑
파랑	파랑	검정	초록	빨강
노랑	검정	파랑	노랑	초록

종료 →

| ① 초 | ② 초 | ③ 초 | ④ 초 | ⑤ 초 |
| ⑥ 초 | ⑦ 초 | ⑧ 초 | ⑨ 초 | ⑩ 초 |

■ 스피드 & 집중력 향상을 위한 훈련 기록표

기록이 향상되도록 매회 소요 시간을 꼭 적으세요.

1차 : 초	2차 : 초	3차 : 초
4차 : 초	5차 : 초	6차 : 초
7차 : 초	8차 : 초	9차 : 초
10차 : 초	11차 : 초	12차 : 초
13차 : 초	14차 : 초	15차 : 초
16차 : 초	17차 : 초	18차 : 초
19차 : 초	20차 : 초	21차 : 초
22차 : 초	23차 : 초	24차 : 초
25차 : 초	26차 : 초	27차 : 초
28차 : 초	29차 : 초	30차 : 초

The Super Speed Reading

■ 스피드 & 집중력 향상을 위한 훈련 기록표

기록이 향상되도록 매회 소요 시간을 꼭 적으세요.

31차 : 초	32차 : 초	33차 : 초
34차 : 초	35차 : 초	36차 : 초
37차 : 초	38차 : 초	39차 : 초
40차 : 초	41차 : 초	42차 : 초
43차 : 초	44차 : 초	45차 : 초
46차 : 초	47차 : 초	48차 : 초
49차 : 초	50차 : 초	51차 : 초
52차 : 초	53차 : 초	54차 : 초
55차 : 초	56차 : 초	57차 : 초
68차 : 초	69차 : 초	70차 : 초

부록

- 실전 속독 독해 능력 테스트
- 중급 정답
- 제일 빠른 속독법 인증 급수표
- 논술이란
- 논술의 중요성
- 초등 논술형 문제 대비법
- 읽고 싶은 책 속독 이해도 측정 정답
- 초등학교 4, 5, 6학년 권장 도서 목록

The Super Speed Reading

실전 속독 독해(讀解) 능력 테스트표

: 글자를 빨리 읽으면서 이해함.

테스트 방법

1 1회 20문제, 소요 시간 3분으로 목표를 정해 놓고 아무리 늦어도 5분 이내 풀지 못한 문제는 합산(合算)하지 않는다.

2 3분 이내 다 풀고 만점이면 속독 고급(高級)이라 볼 수 있고, 1문제~2문제까지 틀리면 속독 상급(上級)이다.

3 3문제~4문제까지 틀리면 속독 중급(中級)이고, 5문제~8문제까지는 속독 하급(下級)에 속하나 속독(速讀) 독해(讀解) 능력이 전혀 없는 것이 아니라 능력은 있으나 조금 차이가 있을 뿐 무한한 가능성이 있는 소유자라고 볼 수 있다.

4 9문제 이하로 틀리면 지독자(遲讀者)라 볼 수 있으나 꾸준한 노력과 훈련으로 누구나 속독자가 될 수 있을 것이다.

실전 속독 독해 훈련 테스트 ❷

총 20문제를 3분 내 문제 답을 풀어야 한다.

※ **3분 목표를 정해놓고 아무리 늦어도 5분을 초과하면 안 된다.**

1. 동지는 일년 중에서 밤이 가장 길고 낮이 가장 짧은 날입니다. 낮이 가장 길며, 정오의 태양 높이도 가장 높아지는 때를 무엇이라 합니까? (   )
    ① 여름   ② 춘분   ③ 삼복   ④ 하지

2. 다음 낱말 중 하나는 뜻이 다르게 쓰였다. 몇 번인가? (   )
    ① 산할아버지   ② 산만   ③ 산나물   ④ 산촌

3. 다음 중 셋과 가장 거리가 먼 것은? (   )
    ① △   ② ◇   ③ □   ④ ○

4. 유람선과 물에 대한 관계는 비행기와 (   )에 대한 관계와 같다. (   )
    ① 하늘   ② 땅   ③ 해   ④ 나무

5. 살아 움직이는 동물이 아닌 것은? (   )
    ① 개   ② 차   ③ 고양이   ④ 물고기

6. 다음은 창의력을 기르는 문제이다. 거리가 먼 것은? (   )
    ① 발명을 좋아한다.
    ② 상상력이 풍부하다.
    ③ 생각과 행동에 융통성이 없다.
    ④ 퍼즐과 두뇌 게임을 즐긴다.

7. 뇌는 우리 몸무게의 2~2.5%에 불과하지만 인체의 모든 기능을 조절하는 중요한 중앙 통제 기관이자 창조적인 정신기능을 관장하는 곳이다. 하지만 뇌를 지나치게 혹사하거나 두뇌에 건강을 해치는 일은 주의해야 한다. 두뇌 건강에 도움이 되는 것은? (   )
    ① 스트레스는 괜찮다.
    ② 음주는 매일 한다.
    ③ 담배 피우는 모습이 멋있다.
    ④ 취미활동이나 운동으로 뇌에도 휴식이 필요하다.

The Super Speed Reading

8. 우리 아이 머리가 좋았으면…… 자식을 키우는 부모라면 누구나 이런 바람이 있다. 두뇌를 개발시켜 주는 학습 환경을 조성해 주는 것도 중요하지만, 세심하게 신경을 써서 음식으로 그에 못지 않게 두뇌가 좋아지는 효과를 낼 수 있다. 아닌 것은? (　　)
① 되도록 신선한 식품을 먹는다.
② 콩과 두부는 두뇌에 좋은 식품이다.
③ 아침 식사를 거르면 집중력이 떨어진다.
④ 인스턴트 식품은 빨리 먹을 수 있어 두뇌 개발에 도움이 된다.

9. 서당 개 (　) 년이면 풍월을 읊는다. 아무리 무식한 사람이라도 유식한 사람과 오랫동안 같이 있으면 다소 보고 들음이 있어 아는 것이 있게 된다는 뜻의 속담이다. (　)에 알맞은 숫자는? (　　)
① 5　　　② 3　　　③ 10　　　④ 1

10. 어떤 일이 우연히 일치했을 때 쓰는 말로, 대체로 좋은 기회를 얻게 되었을 때 쓰이는 속담이다. 가는 날이 어떤 날이라 했나? (　　)
① 장날　　　② 잔칫날　　　③ 제삿날　　　④ 생일

11. 서울에서 부산을 향해 고속철을 타고 가고 있다. 한 시간 뒤에는 어디를 달리고 있을까? (　　)
① 서울　　　② 부산　　　③ 철도 위　　　④ 광주

12. 소라네 삼남매가 모두 다독왕인 속독 박사이다. 부모님이 항상 책 읽는 모습을 보여줘 자녀 교육을 잘 시켰다고 주위에서 부러워한다. 갓 태어난 막내도 이다음에 속독법을 잘 할 수 있다고 생각된다. 소라네는 모두 몇 명의 가족인가? (　　)
① 5명　　　② 6명　　　③ 4명　　　④ 7명

13. 삼식이와 삼순이가 데이트를 하다가 비를 흠뻑 맞았다. 이 둘의 옷이 빨리 마르려면 어떤 곳으로 가야 하는가? (　　)
① 햇볕이 쨍쨍 내리쬐는 언덕.　　② 강가에 놓여 있는 벤치.
③ 바람 한 점 없는 나무 그늘.　　④ 열대 식물이 있는 비닐 하우스.

14. 2004년 12월 26일 인도네시아 수마트라섬 인근에서 지진 해일(쓰나미)로 많은 인명피해가 났다. 쓰나미의 대처 요령이 아닌 것은? (　　)
① 해안 지역의 주민은 즉시 높은 지대로 대피한다.
② 지진 해일 특보가 발표되면 수영이나 야영을 중지한다.
③ 보트놀이나 낚시도 중지해야 한다.
④ 조업중인 선박은 고기를 잡아도 상관 없다.

15. 우리나라 생활 수준이 높아짐에 따라 여행하는 인구도 해마다 늘어나고 있다. 여행자의 휴대품으로 적절하지 않는 것은? (   )
① 위조지폐   ② 카메라   ③ 휴대폰   ④ 비상약

16. 세살 소비 습관이 여든까지 간다. 최근 초등학교 경제 교육의 필요성으로 경제 교육 캠프도 열리고 있다. 올바른 경제 교육적 내용이 아닌 것은? (   )
① 학용품 바자회 활용
② 저축 장려 교육을 시킨다.
③ 신용 카드로 사고 싶은 물건을 직접 사게 한다.
④ 우리나라는 자원이 부족한 나라니, 물자 절약을 강조한다.

17. 사자와 호랑이는 공통점이 있습니다. 사자와 호랑이는 아주 무서운 맹수이지만 요즈음은 동물원에서만 볼 수 있어서 어린이들에게 오히려 친근감을 주며 즐겁게 해 주기도 합니다. 사자와 호랑이의 공통점이 아닌 것은? (   )
① 동물이다.
② 집에서도 기른다.
③ 새끼를 낳는다.
④ 동물원에서 볼 수 있다.

18. 놀이공원에서는 공중도덕을 잘 지켜야 합니다. 올바르지 않은 행동은? (   )
① 질서를 잘 지킨다.
② 예절을 잘 지킨다.
③ 쓰레기를 버리지 않는다.
④ 놀이기구를 탈 때 한 두 사람이 끼어들기를 하거나 새치기는 괜찮다.

19. "왜 책을 읽어야 하는지요?"에 대한 답변으로 적당하지 않은 것은? (   )
① 지식과 정보를 얻으려고.
② 책 속에 주인공을 만나면 나도 착하고 용감해진다.
③ 부모님께 혼나지 않기 위하여.
④ 독서는 학교 성적에도 도움이 된다.

20. 다음 중 서술 논술형 문항과 거리가 먼 것은? (   )
① 답을 골라라.
② 설명하라.
③ 비교하라.
④ 요약하라.

The Super Speed Reading

중급 정답

각자 아래 정답을 맞추어 보세요.

속독 훈련을 위한 바른 자세 정답
1. 예　2. 예　3. 예　4. 예　5. 예
6. 예　7. 예　8. 예　9. 예　10. 예

속독과 독서력 향상을 위한 나의 진단 정답
1. 예　2. 예　3. 예　4. 예　5. 예
6. 예　7. 예　8. 예　9. 예　10. 예　11. 예

두 글자 단어 정답 (2글자 단어 인지)

돼지 : 20개	악어 : 19개	고래 : 19개	사슴 : 18개	꽁치 : 19개
상어 : 20개	딸기 : 18개	사자 : 20개	연필 : 18개	포도 : 19개
기차 : 20개	상장 : 19개	수박 : 18개	인삼 : 18개	장미 : 20개

속독 독해 훈련 테스트 정답
1. ④　2. ②　3. ④　4. ①　5. ②　6. ③　7. ④　8. ④　9. ②
10. ①　11. ③　12. ②　13. ①　14. ④　15. ①　16. ③　17. ②　18. ④
19. ③　20. ①

속독 이해도 테스트 정답
7. 백제의 시조 온조왕　　1. ④　2. ③　3. ②　4. ①　5. ③
8. 사자왕의 출정　　　　1. ③　2. ④　3. ②
9. 선덕여왕의 세 가지 예언　1. ②　2. ④　3. ③　4. ③　5. ④
10. 노파와 두 직녀　　　1. ④　2. ②　3. ①

* 지금까지 속독 훈련은 2단계 속독법 중급 과정이었습니다.
다음은 고급단계로 올라가 3단계(9줄, 한 쪽 훈련) 교재로 열심히 훈련하시기 바랍니다.

제일 빠른 속독법 인증 급수표

각 급수별로 1분당 글자 수를 기준으로 하고 이해 능력 테스트를 70% 이상을 합격으로 합니다. 책을 아무리 빨리 읽었어도 문제 풀기에서 70점 이하이면 불합격으로 합니다.

1분간 읽은 글자 수 산출 공식

$$\frac{\text{총 글자 수}}{\text{소요 시간(초)}} \times 60$$

총 글자 수 ÷ 소요 시간(초) × 60

초등생 속독법 급수 평가하기

분류	급수	1분당 글자 수
속독 고급	1급	2,501~3,000글자 이상
	2급	2,001~2,500글자 사이
속독 상급	3급	1,501~2,000글자 사이
	4급	1,201~1,500 글자 사이
속독 중급	5급	901~1,200글자 사이
	6급	701~900글자 사이
속독 하급	7급	501~700글자 사이
	8급	301~500글자 사이

❖ 이해도 테스트는 학년별 수준에 맞는 책으로 합니다.
❖ 한 번도 읽어보지 않은 책으로 측정합니다.
❖ 저학년은 창작 동화 수준의 책으로 합니다.

The Super Speed Reading

읽고 싶은 책 속독 이해도 측정 정답란

번호	읽을 책 제목				총 글자 수	소요 시간	이해도(%)	분당 글자 수
1								
답	①	②	③	④	⑤	⑥	⑦	⑧ ⑨ ⑩
2								
답	①	②	③	④	⑤	⑥	⑦	⑧ ⑨ ⑩
3								
답	①	②	③	④	⑤	⑥	⑦	⑧ ⑨ ⑩
4								
답	①	②	③	④	⑤	⑥	⑦	⑧ ⑨ ⑩
5								
답	①	②	③	④	⑤	⑥	⑦	⑧ ⑨ ⑩
6								
답	①	②	③	④	⑤	⑥	⑦	⑧ ⑨ ⑩
7								
답	①	②	③	④	⑤	⑥	⑦	⑧ ⑨ ⑩
8								
답	①	②	③	④	⑤	⑥	⑦	⑧ ⑨ ⑩
9								
답	①	②	③	④	⑤	⑥	⑦	⑧ ⑨ ⑩

논술이란?

- 논술은 어떠한 문제에 대하여 자기가 가지고 있는 생각 또는 주장하고 싶은 것을 논리적으로 내세우고 확실하게 증명해 내는 것입니다.
- 우리가 생활하면서 어떤 문제나 여러 가지 일을 말하며 정치, 경제, 사회, 문화, 예술, 도덕, 환경 등등 여러 분야가 모두 해당이 됩니다.
- 상대방으로 하여금 공감하게되고 자기의 생각이나 주장을 남이 인정해 주는 것이 진정한 논술입니다. 남들이 인정하지 않는다면 객관성과 논리성이 없는 것이므로 그 논술은 실패한 것과 다름이 없습니다.
- 논술을 잘하려면 평소에 책을 많이 읽고 좋은 소재를 가지고 있어야 좋은 주제와 제목을 선택할 수가 있습니다. 제재를 얻으려면 평소에 다양하게 독서를 하고 폭 넓은 지식을 바탕으로 생각을 많이 해야만 얻어질 수 있습니다.
- 그래야만 필요할 때 그 내용에 적절한 것을 끌어내어 이용할 수가 있습니다. 자료는 주제와 관련된 것으로 화제를 위하여 꼭 필요한 것만 선택하여야 합니다. 논술은 자료를 바탕으로 하며 실례와 증거를 가지고 이론을 전개해 나가야하며 논술의 자체 구성은 하나로 통일되어야 합니다.

논술의 중요성

첫째 : 믿을 만한 정보를 가지고 정확하게 써야 합니다.
논술 자료는 꼭 알맞은 곳에 적절하게 사용하여야 합니다.
정보 사용을 잘못하게 되면 논술을 망치게 됩니다.

둘째 : 독창성을 가지고 써야지 남들이 만들어 놓은 글귀를 쓴다든지 이미 남이 해 놓은 말인지도 모르고 쓰면 좋은 논술이 못됩니다. 항상 많은 책을 보고 연구하여 새롭고 신선한 내용으로 남보다 앞서가는 내용으로 실력을 갖추어야 합니다.

셋째 : 검증해 가면서 자기의 주장을 논리에 맞게 써야 합니다.
내용이 너무 주관적으로 쓰는 것이 아닌지 확인하고 다시 읽어서 잘못된 부분이 있으면 가차없이 고쳐서 객관적이 되도록 써야 합니다.

넷째 : 어렵게 쓴다고 꼭 좋은 논술이라고 불 수 없습니다.
다소 차이는 있겠지만 논술은 되도록 이해하기 쉽게 써야 됩니다. 자기의 생각과 주장을 나타낼 수 있는 쉬운 글귀들이 얼마든지 있습니다. 상대방의 수준에 맞게 써야지 너무 어렵고 이해하기 힘든 문구는 아예 읽지 않을 수가 있으므로 글을 안 쓴 것만 못하게 됩니다.

The Super Speed Reading
초등 논술형 문제 대비법
폭넓게 독서해야 유리

1. 주어진 조건 속에서 학생 스스로 창의적으로 사고하고 논리적으로 서술하도록 하는 문항이 기본 형태다.

예 국어과목 : 초등학교 5학년 국어
'봄' 하면 떠오르는 단어를 나열하고, 그 중 3개를 골라 '개나리-노란색-노란 전구' 식의 단계로 단어의 묶음을 만들게 한 뒤, "이를 이용해 비유적 표현이 잘 드러나게 시를 쓰라"
단어간의 관계, 직유·은유의 개념 등을 확실히 이해하고, 독서를 통해 어휘력과 표현력도 갖춰야 좋은 점수를 받을 수 있다.

- 국어과는 자신의 지식과 생각을 연결하여 정확하게 글을 쓰는 능력이 요구되어 서술형 논술형 평가형태로 가장 잘 적용된다.
- 다양한 주제에 대해 여러 가지 시작으로 생각하고 글을 써 보거나 토론을 해 본다든지, 시문을 비판적으로 읽어보는 것도 좋은 국어과 학습 방법이 될 수 있다.
- 국어는 지문을 들려 주고 주인공이 누구였으며 등장 인물이 몇 명이냐는 문제가 나올 수 있다.

국어 읽기 지문을 요약하라.
다음 교과서 지문을 읽고 요약해 보시오.
- 신문에 나오는 시사적인 내용.

예 일본이 최근 독도를 자기네 땅이라고 주장하고 있습니다. 독도 분쟁에 대한 자기 생각을 써보시오.

- 동화책에 나오는 인물에 대한 생각.

「홍길동전」 지문을 읽고 홍길동의 행동에 대해 어떻게 생각하는지 써보시오.
다음에 들려 주는 이야기를 듣고 뒤에 이어질 내용을 상상하여 써 봅시다.
(초등학교 4학년 국어)

2. 시사적 관심·실생활 적응 능력·자료 해석 평가 특히 사회와 과학 과목에서는 시사적 관심과 실생활 적용 능력을 평가하는 문항도 많다.

3. 풀이 과정·'뒤집어 생각하기'도 중요 정답만을 요구하지 않는 만큼 풀이 과정 및 실험 과정, 출제자의 의도를 파악하는 '뒤집어 생각하기'도 중요한 평가 포인트이다.

국어 : 학생들이 생각을 얼마나 논리적으로 잘 정리할 수 있는가를 평가하는 핵심이다. 평소 상대방의 말을 잘 듣고 생각을 정리해 말하는 습관이 중요하다.
논리적으로 말하는 습관을 들이면 쓰기에도 도움이 되기 때문에 집중해 듣고 상대방의 의도를 파악해 자신의 생각과 비교하고 정돈된 언어로 표현하는 훈련이 필요하다.

서울시교육청이 공개한 예시 문항

3학년 수학

아래의 수들을 이용해 덧셈이나 뺄셈을 해서 답이 630이 되는 식을 가능한 많이 만드시오.(심화형)
146 173 233 251 379 484 776 803 949

〈예시 답안〉
다음과 같이 다양한 정답이 나올 수 있습니다.
1) 251+379=630
2) 146+484=630
3) 146+233+251=630
4) 803-173=630
5) 776-146=630
6) 949-146-173=630
7) 379+484-233=630
8) 776+233-379=630

4학년 국어

다음 이야기를 듣고, 뒤에 이어질 내용을 상상하여 써 봅시다.
〈들려 줄 이야기〉 민아는 4학년 어린이입니다. 민아가 학교에서 돌아오는 길이었습니다. 민아는 집 앞에 강아지 한 마리가 힘없이 누워 있는 것을 보았습니다. 강아지 다리에는 상처가 나 있었고 털은 시커멓게 더러워져 있었습니다. 민아는 주위를 둘러보며 주인을 찾아보았지만 아무도 없었습니다. 민아는 어떻게 할까 생각해 보았습니다.

〈예시 답안〉
- 강아지의 상처에 약을 발라 주고 우유를 먹여 주었다.
- 강아지를 데리고 파출소에 가서 주인을 찾아달라고 했다.
- 집으로 데리고 가서 어머니께 말씀드려 주인을 찾아 주었다.
- 나는 강아지를 싫어해 그냥 집으로 들어갔다.

The Super Speed Reading

읽기 : 사고력과 문장력을 한꺼번에 키울 수 있는 국어공부의 핵심

신문 기사 일기, 편지쓰기, 일기쓰기, 부모님과 대화하기, 친구들과 가벼운 토론, 등……
초등 저학년부터 다양한 독서습관을 갖게 해 사고 능력이나 비판 능력을 키워 주는 것이 필요하다.
아인슈타인은 "상상이 지식보다 중요하며 특히 질문을 멈추지 않는 것이 중요하다"고 말했다.

서술 논술형 문항 주요 활용 어구

설명하라.	해석하라.	재조직하라.	논하라.
예시하라.	정의 내려라.	비교하라.	제시하라.
개요를 써라.	요약하라, 분류하라.	항목을 들어라.	서술하라.
종합하라.	분석하라.	관련시켜 설명하라.	원인과 결과를 들어라.

서술형 평가 대비 10계명

① 꾸준한 독서로 독해력과 표현력을 기른다.
② 꾸준히 쓰기 연습을 하며 쓴 글은 남에게 고쳐 달라고 한다.
③ 배운 내용을 파악해 완전한 문장으로 요약해 본다.
④ 단원의 학습 활동을 확인하고 문장으로 정리해 본다.
⑤ 답안을 작성하기 전에 "~ 이내로 요약하시오"와 같은 기준을 확인한다.
⑥ 교과서의 도표나 그래프를 말로 풀어내는 훈련을 한다.
⑦ 과학, 수학 등 교과 관련 도서를 많이 읽자.
⑧ 하나의 지식이라도 정확하고 확실하게 익히자.
⑨ 답안은 불필요한 내용이 포함되지 않도록 최대한 간결하게 쓰자.
⑩ 공부할 때 "왜"에 대한 자신의 생각을 정리하자.

4 초등학교 학년 권장 도서 목록

〈서울시 교육청 선정〉

1. 생명이 들려 준 이야기
2. 삽살개 이야기
3. 보리 타작 하는 날
4. 새로 다듬어 엮은 전래 동요
5. 마음으로 부르는 전래 동요
6. 열 평 아이들
7. 아낌없이 주는 나무
8. 아빠의 수첩
9. 내 마음의 선물
10. 나답게와 나고은
11. 물새가 된 조약돌
12. 사금파리 한 조각
13. 거미 박사 남궁준 이야기
14. 초롱이와 함께 지도만들기
15. 우리 강산 지리 여행
16. 세상을 보는 눈 지도
17. 세상을 담은 그림 지도
18. 우리 명절에는 어떤 이야기가 숨어 있을까
19. 주강현의 우리 문화
20. 신나는 열두달의 명절 이야기
21. 놀부는 어떻게 부자가 됐나요?
22. 부자 나라의 부자 이야기, 가난한 나라의 가난한 이야기
23. 10원으로 배우는 경제 이야기
24. 이만하면 나도 꼬마 사업가
25. 돈은 고마운 친구
26. 어린이를 위한 서울 문화유산 답사기
27. 재미있는 서울 600년 이야기
28. 보물섬 지도
29. 우등생을 위한 103가지 수학 이야기
30. 수학 파티 2
31. 시간이 시시각각
32. 시간이 수근수근
33. 우리 수학놀이 하자!
34. 별지기 아저씨가 들려 주는 별 이야기
35. 70일간의 별자리 여행
36. 갯벌 탐사 도감
37. 푸른 바다 푸른 미래
38. 바다는 왜 파란가요
39. 아주 특별한 우리 형
40. 나의 라임 오렌지 나무
41. 박씨 부인
42. 아기의 자리
43. 방귀 뀌고 도둑잡고
44. 우리말 여행
45. 야 한자 여행
46. 우리 대표 옛시조
47. 종이밥
48. 아빠는 내 친구
49. 아주 소중한 사랑 이야기
50. 오세암
51. 아빠가 내게 남긴 것
52. 우리나라 오천년 이야기 생활사
53. 우리 조상들이 의식주 이야기
54. 우리 문화유산에는 어떤 비밀이 담겨 있을까
55. 보고 배우는 문화유산
56. 지하철로 떠나는 365일 현장 학습 기행
57. 한 눈에 보는 우리 문화재
58. 목걸이 열쇠
59. 이삐 언니
60. 천재들의 합창
61. 옛날 사람들은 어떻게 살았을까
62. 작은 암탉 이야기
63. 수학이 순식간에
64. 수학이 자꾸 수군수군
65. 수학이랑 악수해요
66. 수학 파티
67. 자연과 환경 이야기
68. 와우! 우리들의 동물 친구
69. 동물 도감
70. 공룡이 세상을 지배하다
71. 망치를 든 지질 학자

The Super Speed Reading

5 초등학교 학년 권장 도서 목록

〈서울시 교육청 선정〉

1. 바다를 담은 일기장
2. 별을 사랑하는 아이들아
3. 형이라고 부를 자신 있니?
4. 그때 나는 열한 살이었다
5. 민영환
6. 성삼문
7. 산골집에 도깨비가 와글와글
8. 몽당고개 도깨비
9. 아빠를 닮고 싶은 날
10. 못나도 울 엄마
11. 원숭이 마카카
12. 세계를 빛낸 탐험가
13. 명탐정 필립
14. 소년 탐정 칼레
15. 쌀뱅이를 아시나요
16. 꼭 읽자! 우리 동화 20
17. 초등학생이 처음 만나는 한국 지리
18. 옷감짜기
19. 어린이 서울 박사 2
20. 산골 마을 아이들
21. 어린이 시사 마당 2
22. 콩달이에게 집을 주세요
23. 이야기 수학
24. 수학 잘하는 초등학생의 77가지 비법
25. 물 한 방울
26. 물의 여행
27. 내가 채송화꽃처럼 조그마 했을 때
28. 너도 알 거야
29. 마을지기 새와 민들레
30. 나무는 왜 겨울에 옷을 벗는가
31. 애기똥풀이 자꾸 자꾸 피네
32. 참동무 깨동시
33. 통일을 기다리는 느티나무
34. 100년 후에도 읽고 싶은 한국 명작 동화
35. 김시습
36. 넌 소중한 나의 친구야
37. 별이 된 오쟁이
38. 이야기로 배우는 어린이 경제 교실
39. 그림과 만화로 배우는 어린이 경제 백과
40. 화폐와 무역
41. 유전 공학과 복제
42. 세상을 깜짝 놀라게 한 오천년 우리 과학
43. 우리 민속 신앙 이야기
44. 수학이 자꾸 수군수군
45. 수학 파티 2
46. 수학이 또 수군수군
47. 수학 파티 1
48. 수학 비타민
49. 지구는 살아 숨쉬고 있다.
50. 트랄라 우주 여행
51. 우주가 우왕좌왕

6 초등학교 학년 권장 도서 목록

〈서울시 교육청 선정〉

1. 가마솥
2. 마지막 왕자
3. 개똥이 이야기
4. 자전거 도둑
5. 방구 아져씨
6. 마사코의 질문
7. 바람속 바람
8. 오세암
9. 진주가 된 가리비
10. 장끼전
11. 홍길동전
12. 나의 라임 오렌지 나무
13. 모비딕
14. 사랑해요 삼국시대
15. 얼키설키 하나가 된 고려 이야기 딱 20장면
16. 세종대왕
17. 6학년 교과서에 나오는 위인들
18. 어린이를 위한 백범 일지
19. 수학 파티 2
20. 초등학생이 가장 궁금해 하는 경제 이야기
21. 나도 아더처럼 부자가 될거야
22. 나도 부자가 될 수 있나요
23. 넘 재미 있는 숫자의 비밀
24. 우리 몸 탐험
25. 몸, 그 생명의 신비
26. 와우! 우리들의 동물 친구 1, 2
27. 무지개를 찾아서
28. 너도 하늘말나리야
29. 청국장
30. 인권과 가치
31. 우리나라 곤충의 사계
32. 백범일지
33. 단군 신화
34. 방망이 깎던 노인
35. 곰돌이 위셔블의 여행
36. 마지막 줄타기
37. 돈은 요술쟁이
38. 우리 생활의 골칫덩이 쓰레기
39. 파란 분필
40. 어떤 크리스마스
41. 재미있는 정치가의 세계
42. 나는 커서 무엇이 될까
43. 아빠, 범이 뭐에요
44. 뚱딴지 일본 탐방
45. 지구가 100명의 마을이라면
46. 돌도끼에서 우리별 3호까지
47. 세상 밖으로 날아간 수학
48. 수학이 또 수군수군
49. 수학 비타민
50. 실험과 함께하는 어린이 생태학 2
51. 어린이가 지구를 살리는 50가지 방법
52. 뚱딴지 중국 탐방
53. 최열 아저씨의 지구촌 환경 이야기

Foreign Copyright:
Joonwon Lee
Address: 127, Yanghwa-ro, Mapo-gu, Chomdan Building 6th floor,
　　　　　Seoul, Korea
Telephone: 82-70-4345-9818
E-mail: jwlee@cyber.co.kr

제일 빠른 속독법 그대로 따라하기 중급

2005. 10. 10. 초 판 1쇄 발행
2010. 3. 31. 초 판 2쇄 발행
2017. 9. 14. 초 판 3쇄 발행

지은이 | 손동조
펴낸이 | 이종춘
펴낸곳 | BM 주식회사 성안당

주소 | 04032 서울시 마포구 양화로 127 첨단빌딩 5층(출판기획 R&D 센터)
　　　10881 경기도 파주시 문발로 112 출판문화정보산업단지(제작 및 물류)
전화 | 02) 3142-0036
　　　031) 950-6300
팩스 | 031) 950-0510
등록 | 1973. 2. 1. 제406-2005-000046호
출판사 홈페이지 | www.cyber.co.kr
ISBN | 978-89-315-8147-8 (13010)
정가 | 16,000원

이 책을 만든 사람들
책임 | 최옥현
진행 | 정지현
표지 디자인 | 박원석
홍보 | 박연주
국제부 | 이선민, 조혜란, 김해영, 김필호
마케팅 | 구본철, 차정욱, 나진호, 이동후, 강호묵
제작 | 김유석

이 책의 어느 부분도 저작권자나 BM 주식회사 성안당 발행인의 승인 문서 없이 일부 또는 전부를 사진 복사나 디스크 복사 및 기타 정보 재생 시스템을 비롯하여 현재 알려지거나 향후 발명될 어떤 전기적, 기계적 또는 다른 수단을 통해 복사하거나 재생하거나 이용할 수 없음.

※ 잘못된 책은 바꾸어 드립니다.